書名 2022年の星占い
双子座

2021年9月30日 第1刷発行

著者　　石井ゆかり

発行人　石川正三郎
発行元　株式会社 幻冬舎コミックス
　　　　〒151-0051 東京都渋谷区千駄ヶ谷4-9-7
　　　　電話 03-5411-6431 (編集)
発売元　株式会社 幻冬舎
　　　　〒151-0051 東京都渋谷区千駄ヶ谷4-9-7
　　　　電話 03-5411-6222 (営業)
　　　　振替 00120-8-767643

印刷・製本所：株式会社 光邦
デザイン：竹田麻衣子 (Lim)
DTP：株式会社 森の印刷屋、安田大輔 (デザイナー)
STAFF：雑賀恵美代 (幻冬舎コミックス)、
　　　　佐藤朝絵・渡邊 南 (チーキャン)、木村かおる、三森茂希
カバーイラスト：中園まこと

検印廃止
万一、落丁乱丁のある場合は送料小社負担でお取替致します。幻冬舎宛にお送り下さい。本書の一部あるいは全部を無断で複写複製 (デジタルデータ化を含みます) することは、著作権法上での例外を除き禁じられております。定価はカバーに表示してあります。

a-comics.net

ですので、「薬機」の記事は「この時期にこういう問題が起こります」というのが予測できます。そうではなく、もし何か起こったら、このあたりが勉強所か！という感じで受け取ってご覧いただければと思います。

さらに言えば、今回の「薬機」のテーマは、多くが2020年頃から持ち越しているコンテンツなんです。「2022年にでる予定である」ことこに法律が動まっています。遅くとも2025年にはなる3月頃にはすべて施行予定です。どうぞご安心を！

既存薬、ワクチンなど「打つ」薬、の他に、私たちがほぼいつも薬を使っています。最強のアイテム――身近でお手軽な鎮痛薬、実用性の高いもの、たまたまものお薬なりました、いつもかの他先生たちお薬物しました。2022年にはどうなりましたか？かつて薬を手にし入れて、ちゃんと使いたい時方のためのくきかの「薬」を、目覚するからす。脳〈痺れたいるが〉もより多く扱いの中です。

時には「触れ芝い」のように薬も、とても役に立ちます。一時的にしか効かないくても、「その場」を抜かん者を救える筋えるためだけに役立つとして、「占い」を楽かわいないの常備薬というお役に立つります。本書がわし、どんなからに役立つかり、とても嬉しいです。

星栞
HOSHIORI
2022年の星占い
双子座
石井ゆかり

双子座のあなたへ
2022年のテーマ・モチーフ解説

モチーフ：ウミガメ

　2022年は拡大と成長の星・木星が魚座に入ったところからスタートします。魚座は文字通り「海」と関係が深い世界なので、今年の本シリーズの表紙にはそれぞれの星座の1年をイメージした「海にまつわる生き物」を描いて頂きました。

　2022年は双子座の人々にとって、大成功や飛躍的な活躍ができる年です。ウミガメは「幸運を運んでくる」と言われ、愛されてきました。あなたのもとにも2022年、たくさんの幸運が運ばれてくるはずです。浦島太郎はカメに乗って竜宮城へいざなわれましたが、2022年のあなたはむしろ、自分の手で竜宮城を作ってしまうようなことができるかもしれません。挑戦と奮闘の末、希望に溢れる世界を自力で創り上げる、そんなパワフルな年です。

CONTENTS

- 2 双子座のあなたへ 2022年のテーマ・モチーフ解説
- 4 はじめに
- 7 双子座 2022年の星模様 〜年間占い〜
- 21 双子座 2022年の愛 〜年間恋愛占い〜
- 27 双子座 2022年の薬箱 〜もしも悩みを抱えたら〜
- 31 双子座 2022年 毎月の星模様 〜月間占い〜
- 59 月と星で読む 双子座 365日のカレンダー
- 89 双子座 2022年のカレンダー解説
- 97 12星座プロフィール
  〜プロフィール、サポートするなら、プチ占い〜
- 115 用語解説
- 124 太陽星座早見表
- 126 おわりに

....

- 88 参考 カレンダー解説の文字・線の色

はじめに

　こんにちは、石井ゆかりです。

　2020年に引き続き2021年も、厳しい年となってしまいました。病に苦しまれる皆さん、病と闘う医療従事者の皆さん、緊急事態宣言に翻弄された飲食店やその関係者の皆さん、経済的打撃を受けた皆さん、生活苦、孤独や断絶、感染への強烈な不安に苛まれた皆さんのことを思うと、胸が痛みます。

　2021年の幕開け、占いの世界では「風の時代の到来」として、爽やかで明るい話題が広がりました。占い関係者だけでなく、一般の方からも「風の時代」というフレーズが聞こえてくるほどで、それだけ多くの人が希望を求めていたということなのだ、と、その願いの強さに心を打たれる思いがしました。

　2021年はしかし、そうした希望を打ち砕くような辛いニュースの連続で、ここからさらに2022年の予測を書くことに、正直、躊躇を感じます。

　2022年は、魚座に木星が入り、そのまま牡羊座へと

駆け抜けていく年です。この場所での木星は若干スピードが速く、まさに「駆け抜けていく」という表現がぴったりです。魚座は「救済の星座」であり、12星座の最後の星座です。一方の牡羊座は「はじまりの星座・闘いの星座」で、新たな12年のサイクルのスタートラインを示します。傷つききった世の中に魚座的「救済」がもたらされ、多くの人が癒やされ、さらに牡羊座的意欲に満ちた「新たなスタート」を切れれば！と、それを祈らずにいられません。

　また、2022年8月下旬から2023年3月は、火星が双子座に長期滞在します。「みんなが自由に、情熱的に議論を重ねる」形です。今まで声を封じられていた人、声を上げても聞き届けられなかった人の声が、ここでいろいろな方向から湧き上がり、世の中を動かしていく。そんな熱い流れが起こるといいな、と思います。辛い時間が長く続いていますが「永遠にずっと同じ」ではありません。魚座と双子座は柔軟宮、「変容」を司る星座です。2022年は文字通り「変容」の年なのです。

《注釈》

◆ 12星座占いの星座の区分け(「3/21〜4/20」など)は、生まれた年によって、境目が異なります。正確な境目が知りたい方は、P.124〜125の「太陽星座早見表」をご覧下さい。または、下記の各モバイルコンテンツで計算することができます。
インターネットで無料で調べることのできるサイトもたくさんありますので、「太陽星座」などのキーワードで検索してみて下さい。

モバイルサイト 【石井ゆかりの星読み】(一部有料)
https://star.cocoloni.jp/ (スマートフォンのみ)

◆ 本文中に出てくる、星座の分類は下記の通りです。
火の星座:牡羊座・獅子座・射手座　　　地の星座:牡牛座・乙女座・山羊座
風の星座:双子座・天秤座・水瓶座　　　水の星座:蟹座・蠍座・魚座
活動宮:牡羊座・蟹座・天秤座・山羊座
不動宮:牡牛座・獅子座・蠍座・水瓶座
柔軟宮:双子座・乙女座・射手座・魚座

《参考資料》
・『Solar Fire Gold Ver.9』(ソフトウェア) / Esoteric Technologies Pty Ltd.
・『増補版　21世紀　占星天文暦』/ 魔女の家BOOKS　ニール・F・マイケルセン
・『アメリカ占星学教科書 第一巻』/ 魔女の家BOOKS　M.D.マーチ、J.マクエバーズ
・国立天文台 暦計算室Webサイト

HOSHIORI

双子座 2022年の星模様
年間占い

❋ 大活躍の年・第二弾

　2022年は、双子座の人々にとって、「大活躍の時間」の第二弾です。2021年5月半ばから7月に「第一弾」が展開したのですが、それは「第一弾」というよりは「予兆」「序の口」「予告編」のような手応えしかなかったかもしれません。2021年の終わりから2022年前半は、そんな「大活躍の時間」が一気に本格化し、加速します。積み重ねてきた努力が実を結び、深い達成感に充たされるでしょう。チャレンジして成功を勝ち得る人、責任あるポジションに立ってそれを見事「自分のもの」にする人もいるはずです。また、人生において「いつか叶えたい」と思い描いてきた夢、たとえば家庭を作るとか、家を持つとかいった夢を、現実のものとする人も少なくないだろうと思います。

　特に、2012年頃から憧れて目指してきたこと、志してきたこと、思い描いてきたビジョンがあれば、それがこの時期、現実のものとなります。形のなかったものが形を得る年、夢が現実になる年。2022年は双子座

の人々にとって、そんな1年になるはずです。

名誉を得る年

「名誉」。

2022年の双子座の星回りを見て、まず浮かんだのがこの言葉です。経済的成功や人も羨む活躍を望む人はたくさんいますが、「名誉」を望むという声は、あまり耳にしません。「名誉」とはいったい、何でしょうか。

2022年の双子座の「成功」は、単なる世間的な「成功」の枠に収まりません。あなたが手にするのは「名誉ある成功」です。新しく得るポジションは、心から誇りに思える立場であるはずです。自分が挙げた成果によって、周囲の人々からより大きな尊敬を受けるようになる人もいるでしょう。

「名誉」の「誉」は、「ほめる」という意味の文字です。人からほめられるのは、誰にとっても嬉しいことです。ですが、ほめられることを警戒する人もいます。というのも、人間はほめ言葉にとても弱い生き物だからです。「お世辞とわかっていても悪い気はしない」の

です。ほめられたいと思う気持ちと、ほめたいと思う気持ちが、暗い自信のなさと妙な利害関係で結びつくと、歪んだ人間関係や幻影のような自己肥大が生じます。賞賛に依存した結果「いいね！を求めて破産する」といった悲劇も起こります。

　一方、自分自身が純粋に誇りだと感じられることを、同じく純粋な気持ちで賞賛してもらえたとき、そのほめ言葉は確かな自信の源泉として、その人の心にずっと輝き続けます。本物のほめ言葉は、一生モノの「心のお守り」です。

　名誉とは、単に個人的にほめられるということを意味しません。この世の中で何が素晴らしく、何が正しいのか、という深い価値観が自分の中に育っていて初めて、「名誉」が生じます。世の中とはこうあるべきで、人とはこう生きるべきだ、といった価値観を持たない人は、「名誉」を感じることができないだろうと思うのです。「ほめられれば何でもいい」のではないはずです。人間は幼い状態にあるとき、「ほめられれば何でも嬉しい」と感じてしまいます。そして、ほめられるために

はどんなことでもしよう、という気持ちになり、いつのまにか人生の道を踏み外してしまう、といったことが珍しくないのです。「親にほめられるためだけに生きてきた結果、自分が何をしたいのかわからなくなってしまった」といったエピソードをごく頻繁に目にします。「ほめられる」ことが真に自分のためになるのは、自分自身の中にある人生観や世界観が、自分のものとしてしっかり育っていてこそです。

　2012年頃から、双子座の人々はその人生観や世界観を、ずっと育て続けてきました。この世において真に誇れることとは何か、自分の人生において本当に求めるべきことは何か、といった問いを抱き、それに自分なりの答えを出そうとしてきたはずなのです。2022年は、そうした問いに対する答えを、自分自身の「活動の成果」によって掴める年です。本当にほめて欲しい人から、本当にほめて欲しいことを、ほめてもらえる。それが、2022年の双子座の「大成功」であり、「名誉」なのです。

「闘い」の季節

　8月下旬から2023年3月は「闘い・勝負」の時間です。あなたのもとに闘いの星・火星が長期滞在し、熱いチャレンジを促すのです。

　「闘い」の相手は様々です。最も可能性が高いのは、「自分自身と闘って勝つ」プロセスです。古い殻を壊し、新しい自分を作ってゆく闘い。自分の弱さとの闘い。変えたいこと、直したいことを念頭においての闘い。2023年3月までに、そうした闘いにおいて、大勝利できるでしょう。

　また、「自分から手を挙げて、新しいことを始める」という「闘い」もありそうです。この「闘い」は周囲の人々を巻き込んで、とても大きな活動へと発展していきます。特に8月下旬から10月、そして12月下旬以降は、「仲間とともに闘う」「みんなで共有できる未来のために闘う」という流れが強まるでしょう。

　「何のために闘うか」は、とても重要です。自分自身の人生を豊かにするために闘う、ということは大前提

です。その他に、家族や身近な人のための闘い、愛のための闘い、経済的な利益を確保するための闘いなどもあるかもしれません。ここでの「闘い」は、正義のためというよりは、生きていくための闘い、という側面があります。一般に「正義のための闘い」には暴走の危うさがつきまといますが、「自分や大切な人の、幸福な生活のための闘い」には、はっきりしたゴールを設定しやすく、暴走の危険は低くなります。

　また、この8月下旬からの「闘い」においても、「名誉」はとても重要な条件となるでしょう。「この闘いに勝つことは、名誉と言えるか？」という問いは、あなたの闘いの軌道修正をする上で、常に役に立つ物差しとなるはずです。

新しい時代の価値観への「導き手」

　2020年の終わり頃から、双子座の人々は時間をかけて学び続けています。

　特に2021年は勢いよく学びのプロセスが展開したかと思いますが、2022年はその勢い、スピード感が収ま

る一方で「継続」への意識が強まり、着実に力を伸ばせる時期となっています。専門性を鍛え上げる人、新しい役割を果たすために知識を増やす人、社会的な問題意識のために本を読み進める人も多そうです。この「時間をかけた学び」の季節は2023年3月頭までです。ゆえに、この2022年の学びは、じっくり腰を据えた継続的なものであると同時に、密度の濃い、集中的な学びとなりやすいのです。

　昨今「価値観のアップデート」という言い方をよく耳にします。「昭和では許されたが、令和では許されない」「一昔前はウケたが、今は面白いと思ってもらえない」ということがたくさんあります。かつて受容されていた差別的な発言や容姿などを笑う行為も、今は徐々に淘汰されつつあります。
　双子座の人々はもともと「時代の変化」にとても敏感で、自らリード役となって動く傾向があります。ですが、2022年は、「一昔前の考え方」の意外な根強さ、根の深さに驚きを感じる場面も増えるかもしれません。反動的な動きというよりは、これまでスポットライト

を浴びなかった「ありふれたこと」が、問題意識という光に照らされることで、ビビッドに際立ってくる、という現象なのだろうと思います。2022年のあなたはそうした「古い考え方の根深さ・しぶとさ」に対抗すべく、さらに冷静に、深く学んでいくことができるでしょう。「知は力なり」を、身をもって実感する場面があるはずです。

仕事・目標への挑戦

　2022年は、キャリアの大躍進の季節となっています。特に、2012年頃から志してきたことがある人は、2022年の中できっと、実現できるでしょう。

　すでにこの「大躍進」のプロセスは2021年に始まっています。2021年5月半ばから7月に新しいチャンスの扉が大きく開き、2021年12月末から2022年5月上旬にかけて、一気にそのチャンスをモノにすることができるでしょう。さらに2022年8月下旬から2023年3月にかけては、自ら果敢に打って出て勝負を仕掛け、大勝利できる時期となっています。中でも、2022年10

月末から12月中旬は、かなり大きな人生のターニングポイントとなるはずです。

2022年は全体を通して、ビジョンと闘志が物を言う時期となっています。向こうから何かが来るのを待つのではなく、自ら夢を描き、自分から闘いを挑むことが必要になるのです。双子座の人々はどちらかと言えば「風を読んで風に乗る」ことが得意で、「自分から行く」ことには抵抗を感じる部分もあるようです。キャリアにおいても「声をかけられれば応じよう」といった、どちらかと言えば受け身の姿勢になる傾向があるのですが、この時期は多少前のめりくらいのほうが、状況にフィットするかもしれません。「誰も手を挙げないなら、自分が挙げる」という気迫が、ダイレクトにチャンスに繋がっていくようです。

{ **勉強・知的活動** }

2020年終わりからの「学びの季節」はまだまだ続いていきます。学べば学ぶほど、「これまでの自分」から「新しい自分」へと、脱皮していくような手応えを感じられるでしょう。

専門性を高めるための学び、キャリアアップのための学び、より深いニーズに応えるための学びができるときです。昨今は「自分のスペックを上げるために勉強する」という考え方もあるようですが、この時期の学びは、そうした「外部からの評価」を求めてのものではないようです。自分の中に深く根を張る疑問や問題意識に、自分の力で応えようとする強い意志が、あなたを学びへと向かわせるようです。

　この時期の勉強では「責任」も重要な条件です。たとえば、子供を育てるという責任を果たすため、育児をするすべての人が乳幼児の食事について知識を得ようとします。大人が当たり前に食べるものでも、子供には良くないものがいろいろあります。「子供を育てる」という責任を引き受ける前には、そうした知識は特に必要ありませんでした。あくまで責任を引き受けると同時に、学ぶべきことがたくさん出てくるのです。2022年の双子座の人々も、「責任を果たすための学び」に向き合い、長い階段を上っていくことになるはずです。

{ お金・経済活動 }

　2021年11月から2022年3月頭まで、経済活動がとても活発になります。2021年中ほどの活動から生まれた果実が、年初にドカーンとあなたの手の中になだれ込んでくるような現象も、起こるかもしれません。

　また、パートナーや関係者の経済状態が2021年終わりから2022年の頭にかけて、ぐっと上向きになる可能性もあります。それによってあなたのほうにも、嬉しい影響が出てくるはずです。

　2008年頃から、周囲の人々の経済活動に翻弄されるような場面が多かったかもしれません。自分個人の経済状態だけでなく、周囲の人々との経済的関係を常に考えていなければならなかった、という人もいるのではないかと思います。そうした「他者の財との関係」を見つめ続ける状況が、2023年から2024年の中で収束していきます。その直前となっているこの2022年は、「受け取るときものを受け取って、しっかり自分のものにし、安定化させていく」というプロセスが展開してゆく時期となります。

　特に2021年11月から2022年3月頭という時間帯は、

「他者から受け取るもの」が非常に多くなるでしょう。

｛ 健康・生活 ｝

　「大活躍の季節」だけあって、ワーカホリックになりがちです。無理を重ねてしまう人、強いストレスやプレッシャーの中で体調を崩す人が少なくなさそうです。意欲がみなぎり、「今は止まりたくない！」と思えるようなときほど、自分の心身のコンディションには気をつけて頂きたいと思います。

　特に8月下旬から2023年3月は、過活動になりやすい時期です。また、非常に勢いがあるので、「勢い余って」の事故なども発生しやすいようです。たとえばエクササイズやスポーツを始めたものの、いきなり無理をしすぎてケガをする、といった懸念が。活力に溢れる元気いっぱいの時期ですから、むやみにブレーキをかけるのはもったいないのですが、「やりすぎ」で望まぬストップがかかるのも、もったいないことです。「継続性」を大切に、加減をしたいときです。

● 2022年のターニングポイント ●

テーマ別に、2022年の中で「転機」となりそうな
タイミングを、以下に挙げてみます。

仕事	年明けから5月は、大活躍の繁忙期。とはいえ5月半ばから6月は、一度振り返り、やり直しや軌道修正も。さらに8月下旬から2023年3月、全力でチャレンジできる勝負の季節。
勉強	2020年の終わりからの「学びの季節」が2022年全体を通して続いていく。特に1月から4月前半は、ガンガン学べそう。
お金	2021年11月から2022年3月頭まで、他者との経済関係が大きく進展する。6月から7月、12月も前向きな動きが。
健康	働きすぎ、動きすぎに注意。特に8月下旬から2023年3月は「スピードの出しすぎ」に気をつけたい。休日はしっかり確保し、英気を養って。

HOSHIORI

双子座 2022年の愛
年間恋愛占い

♥ 目標に掲げれば、愛の夢も叶う

　2022年は双子座の人々にとって「目標を達成できる年」です。ゆえに、たとえば「パートナーを得る」ことを目標に掲げて行動を起こしたなら、おそらく、その目標も達成できるでしょう。戦略家であり戦術家でもある双子座の人々は、一つの目標を掲げたとき、それを「ゲームの攻略」のように捉え直して、最短距離でゴールに到達することができるのです。

　もし、パートナーが欲しいなら、それを目標として達成できる。そういう時間だからこそ、かえって「愛」というものへの考え方を、より深く強く鍛えなければならないのかもしれません。たとえば、経済的な庇護を求めてパートナーを探した結果、さらなる苦労を背負い込む、といったことは、珍しくないからです。結婚は、契約書的なものを交わすにもかかわらず、厳密な契約ではありません。人間の、心と心の柔らかな結びつきが、そこにどうしても、生じてしまいます。「心の結びつき」の複雑さ、大切さ、そして危険性を、よく見つめる必要があるのです。

「今までずっと仕事を頑張って、充実を感じてきたけれど、自分の人生はこのまま一人なのだろうか」というフレーズを、占いの場ではよく見かけます。一人で生きることも、誰かとともに生きることも、大勢の中で暮らすことも、どれが良くてどれが悪い、といった優劣はありません。自分自身が充たされていれば、それでいいはずです。でも、肝心の「自分自身が充たされている」とはどういう状態なのか、それを知ることがすこぶる難しい世の中です。特に「コロナ禍」で多くの人が経済的・精神的・身体的打撃に晒され、「このままの生き方でいいのか？」という大きな疑問を抱いたという話を、しばしば耳にします。強い生活の不安に晒され、「一人で生きていくのは、もうムリだ」という切迫した思いを抱いた人も少なくないようです。

　不安なとき、心細いとき、切迫した状況に置かれたとき、私たちの心の声は聞こえにくくなります。頭だけで心の問題を判断したくなります。でも、利害関係なら頭で判断できますが、心の結びつきのことは、心にしかわからないのです。2022年は「がんばれば、欲しいものがちゃんと手に入る年」。だからこそ「心の

声」に深く耳を傾けることが、大切なのです。

❴ パートナーを探している人・結婚を望んでいる人 ❵

「戦友」と呼べるような存在の中から、パートナー候補が見つかるかもしれません。あるいは前述の通り、「パートナーを見つける」ことを一つのミッションとして捉え直し、戦略を練ってアクションを起こせば、きっと2022年内、あるいは2023年の中で、パートナーとなるべき人に出会えるはずです。

とはいえ、あなたが人生の目標としていることがあるなら、それを理解して応援してくれる相手を探すべきです。自分の思いを犠牲にして、その引き換えに愛や安心を手に入れよう、という方針を立ててしまうと、「うまくいっているのに幸福感がない」といった展開になりやすいのです。まず「自分」を大切にし、そこから「愛する」ことを考えるのが最短ルートです。

❴ パートナーシップについて ❵

あなた自身がとても忙しい年なので、パートナーとの関係のために時間をとることが、難しく感じられる

かもしれません。特に、あなたの社会的な責任が増したり、大勝負に挑んだりするとき、もしパートナーが応援してくれなかったとしたら、それは大問題です。

一方、パートナーシップの維持運営ということ自体が、2022年の一つのミッションとなる可能性もあります。特にお互いの立場性や役割分担が変化していくような状況では、デリケートな対応を重ねて、より強い関係を作ってゆく、粘り強い努力が必要になります。たとえば、相手より自分の経済力が大きくなり、相手にこれまでよりも多く家事の分担をお願いする、といった変化のもとでは、心情的な混乱が生じやすくなります。プライド、誇り、名誉は、パートナーシップにおいてもとても重要です。

片思い中の人・愛の悩みを抱えている人

人生では「探すのをやめると、探し物が見つかる」ということが時々起こります。2022年は「恋愛以外のことに意識を向けると、妙に恋愛がうまくいく」かもしれません。自分の人生を自分で歩こう、と決心した瞬間に、本当の愛が見つかります。恋愛以外のことで

高い目標を掲げ、チャレンジするとき、これまであなたを縛ってきたものから抜け出せるかもしれません。

｛ 家族・子育てについて ｝

「大活躍の年」が、家族の世話や子育てに当てはまる人も少なくないはずです。周囲の人々のケアは、大切な社会的ミッションです。家族や身近な人との関係性は時間とともに変化します。その変化に沿って、2022年は役割分担などを大きく変えることになるかもしれません。変化に伴う衝撃やゆがみを受け止め、居心地の良い世界を作っていける年です。外に出て仕事をしている人は、家の中のことをいろいろな形で「人に任せる」術を習得できます。「適材適所」がカギです。

｛ 2022年　愛のターニングポイント ｝

2021年11月から2022年3月頭は、非常に官能的な時期です。さらに、6月末から7月中旬、8月末から10月、11月半ばから12月上旬に愛の追い風が吹きます。秋は「愛の復活・再生」が起こる気配も。

HOSHIORI

双子座 2022年の薬箱
もしも悩みを抱えたら

❈ 2022年の薬箱 〜もしも悩みを抱えたら〜

　誰でも生活の小さな曲がり角で、悩みや迷いに出会うことがあります。2022年のあなたがもし、悩みを抱えたなら、その悩みの方向性や出口がどのあたりにあるのか、そのヒントをここで、考えてみたいと思います。

◆ 知への緊張、怖れ

　知的・学歴コンプレックスを抱えている人にとって、今は辛い時期かもしれません。知らないこと、わからないことにいちいち敏感に反応し、自分を責めたくなりがちなのです。特に自他を比較するクセのある人は、そこから逃れるのが困難なように感じられるかもしれません。「もっと多くを知りたい、広く知りたい」という思いはとても大事な向上心ですが、その向上心がなぜか、視野狭窄の原因となるなら、肩の力を抜く必要があります。「上を見すぎて苦しい」なら、あなたを理解している恩師や受け止めてくれる身近な誰かと話すことが、狭窄を解除する助けになるかもしれません。2023年3月には、その悩みは快方に向かうでしょう。

◆**肩の力を抜き、ふわっとクラゲのように**

　社会的立場やキャリアについて、漠たる不安を抱えている人も少なくないでしょう。2022年はその不安に、ある程度の「解決策」がもたらされますが、それでも不安を完全に払拭することは難しいかもしれません。遅くとも2025年頃には、その不安は収まります。辛いときは力を抜いて、少し流れに身をゆだねてみて。

◆**エネルギーを発散する**

　8月下旬から2023年3月まで、熱い闘いの時間となっています。ゆえに、衝突や摩擦、かすり傷を負うような場面も増えるでしょう。勢い余っての事故やケガには注意が必要です。苛立つときはエクササイズなどで汗を流したり、ゲームなどで「熱くなる」時間を持つと、エネルギーを発散でき、落ち着けそうです。トラブルは人生の「新しい扉」、禍転じて福となります。

HOSHIORI

双子座 2022年 毎月の星模様
月間占い

◆星座と天体の記号

「毎月の星模様」では、簡単なホロスコープの図を掲載していますが、各種の記号の意味は、以下の通りです。基本的に西洋占星術で用いる一般的な記号をそのまま用いていますが、新月と満月は、本書オリジナルの表記です（一般的な表記では、月は白い三日月で示し、新月や満月を特別な記号で示すことはありません）。

♈：牡羊座	♉：牡牛座	♊：双子座
♋：蟹座	♌：獅子座	♍：乙女座
♎：天秤座	♏：蠍座	♐：射手座
♑：山羊座	♒：水瓶座	♓：魚座
☉：太陽	●：新月	○：満月
☿：水星	♀：金星	♂：火星
♃：木星	♄：土星	♅：天王星
♆：海王星	♇：冥王星	
℞：逆行	ᴅ：順行	

◆ 月間占いのマーク

　また、「毎月の星模様」に、今年から6種類のマークを添えました。マークの個数は「強度・ハデさ・動きの振り幅の大きさ」などのイメージを表現しています。マークの示す意味合いは、以下の通りです。
　マークが少ないと「運が悪い」ということではありません。言わば「追い風の風速計」のようなイメージで捉えて頂ければと思います。

★　特別なこと、大事なこと、全般的なこと

✊　情熱、エネルギー、闘い、挑戦にまつわること

🏠　家族、居場所、身近な人との関係にまつわること

💰　経済的なこと、物質的なこと、ビジネスにおける利益

✏️　仕事、勉強、日々のタスク、忙しさなど

♥　恋愛、好きなこと、楽しいこと、趣味など

MONTHLY
HOROSCOPE

1

JANUARY

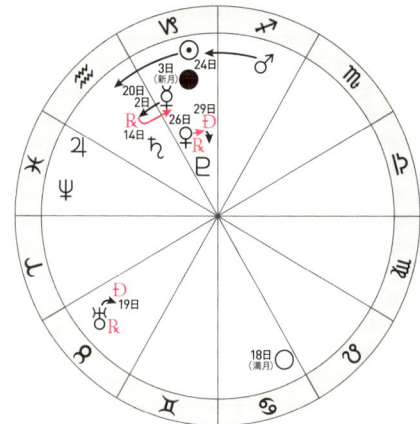

◆人の「心の熱量」が燃え移ってくる。

熱い人間関係の月です。刺激的な人、魅力的な人、ガンガンプッシュしてくれる人と関わることになりそうです。相手の情熱や貪欲さが自分の心に燃え移り、いつのまにかノリノリになっている、といった展開も。人から受け取れるものがとても多いときです。遠慮せずに甘えるのも「人間力」です。

◆交渉事では「闘う」意識を。

「真剣勝負」が発生しやすいときでもあります。特にビジネスや大きな買い物での交渉、転職活動などでの条件の調整では、「闘う」意識がとても大事です。契約書などの書類は熟読し、自分の権利を守る姿勢を鮮明にすることで、かえって相手の信頼を

得られます。「性善説で、相手にお任せ」という態度は、一見おとなしく優等生的ですが、実際は単なる無責任に過ぎません。特に、ここからスタートする話は、あとあと「ことが大きく」なりがちです。スタートラインで条件をきちんと整理しておけば、この先も安心してチャレンジできます。

♥相手の熱に「巻き込まれる」とき。　♥ ♥ ♥

恋愛にも熱がこもるときです。あなた自身は冷静なつもりでも、相手が情熱をむきだしに愛情表現してくれるので、自分もいつのまにか熱くなっていた、といった展開になりやすいでしょう。信頼できるパートナーとの関係であれば、安心して「相手の熱量に巻き込まれる」ことで素晴らしい愛の時間を過ごせるはずです。一方、よく知らない相手や、意図がよくわからない相手に関しては、リスクもありそうです。「場の雰囲気に流されて、あとで後悔する」ような展開には、注意が必要かもしれません。「情熱の再燃」の気配もあります。消えかけていた愛の炎に、盛大に燃料が注がれるかも。

1月 全体の星模様

2021年の終わりに木星が魚座に移動して海王星と同座、いよいよ「魚座の季節」が本格化します。この1月は火星も射手座に位置していて、木星のテンションがさらに強調されています。大スケールで世の中が変容していく気配が。ただ、山羊座の金星と水瓶座の水星は逆行で、短期的に見れば一見混乱を来している可能性が。古い価値観と新しい価値観の衝突も頻発しそうです。

双子座　月間占い

MONTHLY
HOROSCOPE

2
FEBRUARY

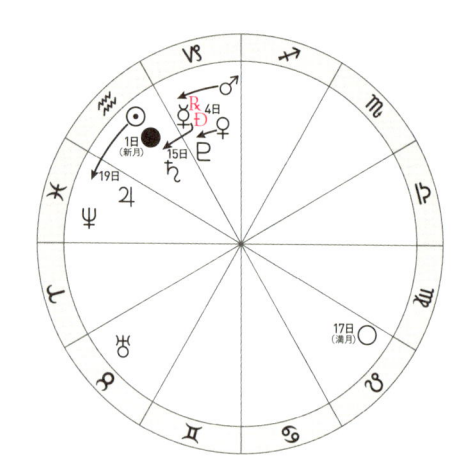

◆人の間を巡る「経済」。　￥￥￥

「お金の巡りの良いとき」です。経済活動が活性化し、忙しくなってくるでしょう。すでに大きなミッションの中にある人が多いはずですが、経済面での条件を精力的に整えていけます。関わっている人々も貪欲なので、「騙された！」という展開には注意が必要かもしれません。条件は念入りにチェックを。

◆「サプライズ」の素敵な効果。　★★

密かに心にあたためていたプランを実行に移し、周囲をあっと驚かせる！といった展開もありそうな時期です。人をいい意味で驚かせるのが得意な双子座の人々ですから、すでに去年から時間をかけて、この「サプライズ」を準備してきていたのかも

しれません。意外な人があなたのそのアクションを、高く評価してくれるようです。17日、朗報の気配も。

♥相手に求めるもの、相手が求めているもの。 ♥♥

官能的な季節です。自分が相手に対して望むことがたくさんある一方で、相手もまた、あなたに多くを望んでいるはずです。「望まれる」ことは、愛の喜びの最たるものです。1月中にパートナーと激しく衝突した人も、2月に入る頃には関係が改善に向かうでしょう。15日以降、改めて冷静に話し合い、新しい信頼関係を結び直す、という展開になるかもしれません。パートナーが突然ギフトを贈ってくれる可能性もありますので、あらかじめそれとなく欲しいものをほのめかしておくのも一案です。愛を探している人は、モノや小銭の貸し借りに妙味があります。「ちょっとこのペンを貸してね！」といったささやかな出来事が、「その先」のストーリーに繋がる可能性が。一方、1月に引き続き、性的な誘惑の非常に多い時期でもあります。後悔のないよう、自分に正直に。

2月 全体の星模様

水星・金星・火星・冥王星が山羊座に集まり、さながら「山羊座祭り」の様相を呈します。1月中に逆行していた金星と水星も月末をまたぎ相次いで順行に戻り、一気に「行動・実行」の雰囲気が強調されます。山羊座はアクションの星座であり、実現の星座なのです。夢を夢に終わらせない、少々強引なパワーが物事を動かします。1日の新月は「起爆力」に満ちています。

MONTHLY
HOROSCOPE

3

MARCH

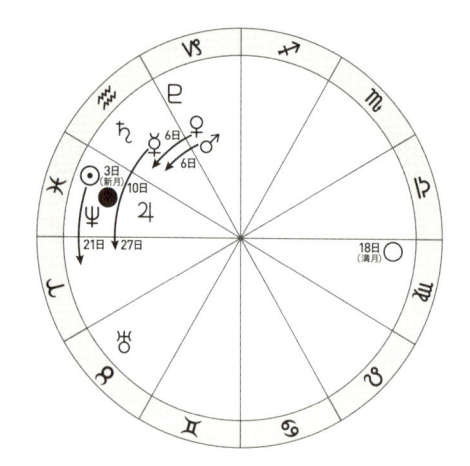

◆ **冒険と学びの季節。**
普段なら「旅の季節です！」と書くところですが、まだまだ世の中的には、旅行には制限が多そうです。とはいえそれでも、遠出する機会が出てきそうです。勉強や研究、取材など、知的活動にも強力な追い風が吹きます。発信活動をしている人は、自分の発信や表現が一気に遠くまで届く気配が。

◆ **「大活躍の時間」、ピークへの入り口。**
多忙期です。2022年は双子座の人々にとって「大活躍の季節」ですが、この3月から5月がその「大活躍」のピークとなるでしょう。大きめのチャンスが巡ってきますし、自分から新しいことを起ち上げて押し進める人も少なくないでしょう。とはいえ、

この時期は少し不器用な、ギクシャクした動きも多いかもしれません。新しいことに着手するときの「慣れない」感覚、周囲となかなか足並みが揃わない焦りなどが湧いてくるかもしれませんが、月末にはそうしたぎこちなさも解消します。「入り口での揺れ」は、気にしないで。

♥「人間的変化」という説得力。 ♥ ♥

穏やかな好調期です。大切な人と知的な会話を交わす機会が増えるでしょう。相手から学ぶことが多く、自分からも教えてあげられることがたくさんありそうです。恋愛ではそれぞれの「人間的変化」が大きな意味を持つことがあります。自分といて相手が変わる体験、相手といて自分自身が変わる体験は、恋愛の物語において大きな説得力を持ちますし、また、恋愛のもたらす最高の宝物でもあります。この時期、互いの意外な成長がはっきり見て取れる場面が多いでしょう。たとえ片思いであっても、本物の恋には成長が伴いますし、今ならその成長が、進展のきっかけになるかもしれません。

3月 全体の星模様

山羊座に同座していた金星と火星が、6日に揃って水瓶座へと移動します。すでにいる水星・土星と合わせ、今度は「水瓶座祭り」となります。2020年の終わりから2021年にかけて一気に進展したテーマが、ここで再び、強いスポットライトを浴びそうです。10日に水星が魚座入りすると、こちらも太陽・木星・海王星と4星集合で、「救済と癒やし」がもう一つの注目テーマに。

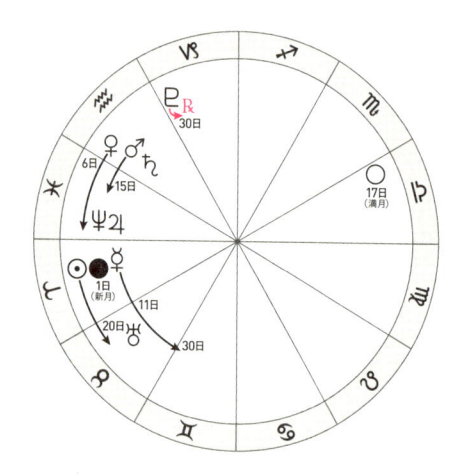

MONTHLY
HOROSCOPE

4
APRIL

◆ **精力的に動きつつ、学ぶ。**

引き続き、大活躍の季節です。大きなチャンスが複数同時に巡ってくるため、盛りだくさんのスケジュールでてんてこ舞いになるでしょう。この魅力的な状況に対応するため、多くを学べる時期でもあります。立場が変われば学ぶべきことの内容も変わります。動きながら多くを吸収できるときです。

◆ **危機感からの素晴らしい学び。**

「まだまだ自分の知らないことがある」と気づかされ、意欲を刺激される人もいれば、戦々恐々とする人もいるでしょう。この時期、自分の専門分野や「持ち場」において、改めて学ばなければならないことがたくさん出てきそうです。一般に、ある分

野で経験を積んでゆくと「もう大丈夫、なんでも知っている」という気持ちになってくるものですが、多くの場合は、まだまだ勉強の余地があります。このタイミングでそのことに気づき、猛然と勉強を始める人も少なくないはずです。危機感からの勉強は、最も効率的です。月の前半、特に集中できそうです。心に刻み込まれるような学びの時間です。

◈センスを活かす場に恵まれる。

デザインセンスやアーティスティックな才能を活かす場に恵まれそうです。クリエイティブなアイデアを照れずに打ち出して、得るものの多いときです。「キレイにきちんと」より「大胆かつ華やかに」を目指すと、周囲も乗り気になりそうです。

♥「頑張る姿」が美しい。

職場での恋愛、年齢差のある恋愛などに縁ができやすいときです。カップルはひたむきに頑張る姿を尊敬してもらえそうです。パートナーの努力を認めることから、関係が好転します。

4月 全体の星模様

6日、金星が魚座に入ります。すでにいる木星と同様、金星も「吉星」ですが、金星と木星はどちらも、魚座では強い力を発揮するとされます。愛に関することや経済に関して、とても明るい動きが生じそうです。火星は15日まで水瓶座に残り、土星と重なります。こちらはかなり鉄火な、破壊力に溢れる形です。慢性的な問題を正面からガツンと解決できる時間と言えます。

MONTHLY
HOROSCOPE

5

MAY

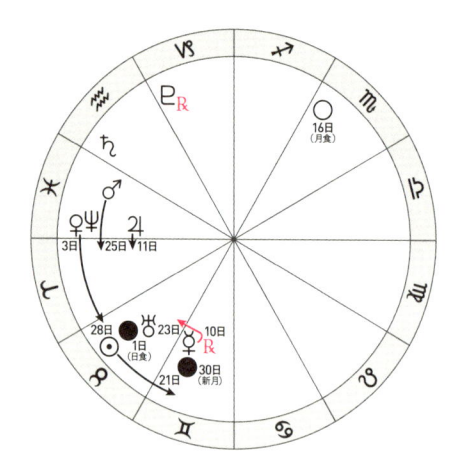

◆ 的を絞って、腰を据える。

「大活躍の時間」が続いています。非常に忙しく、チャレンジングでスリリングな日々を過ごしている人が多いでしょう。大きなチャンスをモノにできるときです。4月中はあれこれ複数のことが重なって焦点が絞りにくかったかもしれませんが、5月は腰を据えてじっくり集中できそうです。

◆ 変更に次ぐ変更で見える「意外な目的地」。

前述の通り「活躍期」ですが、物事の進み方は妙にスローペースです。また、段取りが乱れたり、やり直しが発生したりと「想定外の足止め」も多くなるでしょう。とはいえこれらのことは、決して本質的な問題ではありません。柔軟に対応していくうち

に時間が解決してくれる、ごくナチュラルな展開なのです。「あらかじめ決めたこと」にこだわらず、どんどん変更していくうち、素敵な場所に辿り着きます。

♥ほんわか系四コママンガのように。 ♥♥

恋愛で「焦り」を感じる人は少なくありません。出会いのないことに焦ったり、恋人の反応が鈍くて焦ったり、メッセージやメールの返事が遅いだけでも焦燥に駆られ深い苦しみを味わうのは、むしろ「普通のこと」ではないかと思います。ですがこの時期は、どんなに反応が鈍くても、どんなに「何もない」ように思えても、のんきで楽観的でフレンドリーな気持ちを忘れないで頂きたいのです。というのは、この時期は何もさくさく進まず、愛もドラマティックというよりは、のんびりした四コママンガのようにしか展開しないからです。時間の流れを「棚に上げる」ことで、大切な人との楽しい時間を発見し、楽しめます。恋人との間でも、特に「友情」に軸足を置くことで、かえって心の距離が縮まりそうです。

5月 全体の星模様

3日に金星が、11日に木星が牡羊座入りして、社会的にも「闘い」への志向が強まりそうです。牡羊座の金星は、真剣勝負にあるまじき「楽観論」の危険を示します。25日に火星が牡羊座に入ると、そうした無責任な雰囲気はぐっと引き締まるでしょう。水星は10日から逆行し、1日と16日は食です。何かとイレギュラーなことが多そうですが、時間が解決してくれます。

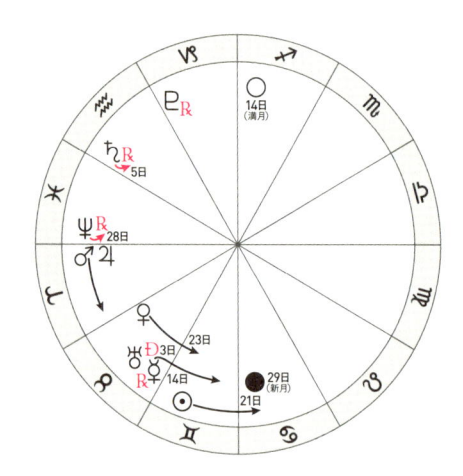

MONTHLY
HOROSCOPE

6
JUNE

◆ **大きな夢を描き、即、動き出す。**

お誕生月ですね、おめでとうございます！　誕生日は「元旦」のような意味を持つ日で、「新しい年齢で叶えたい願い」を思い描く人も多いわけですが、今年は特に向こう3、4年くらいの大きな夢を描けます。また、夢見るだけでなく、それを実現するためにすぐに、熱いアクションを起こせそうです。

◆ **「みんなの中」にいる自分。**

仲間や友だちとの関係が一気に濃く、熱くなります。関わる人数が一気に増えそうですし、個性的な人が多い分、衝突や摩擦も発生しやすくなります。でも、ここでの衝突は決して、悪いことではありません。むしろ、「この仲間なら、思ったことをス

トレートに言っても大丈夫だ！」という認識を共有することのほうがずっと重要です。単に主張をぶつけ合うだけでなく、密かに優しく助け合うような動きも生じるでしょう。あなた自身、人をサポートすることに喜びを感じられます。「みんなの中に、居場所を見つける」ことができるときです。

♥ 心の深さ、視野の広さ。

下旬に入るまで、愛は水面下ですくすくと育ちます。カップルは二人で秘密を共有したり、密かに助け合ったりする体験を通して、愛が深まっていくでしょう。「この人なら、この話を打ち明けられる」「この人には、弱さを見せられる」といった心の動きが、より大きな愛への入り口となるようです。愛を探している人も、「助け合い」の中でパートナー候補が見つかるかもしれません。また、交友関係の中での出会いも期待できます。この時期は愛を小さな枠にはめ込もうとせず、広い視野で捉え、人の内面に興味を向けることが大事です。23日以降、一気に愛の追い風が吹き始めます。好調期へ。

》6月 全体の星模様 《

水星は3日に順行に戻り、5月中の混乱も収束します。火星と木星が牡羊座に並び、世の中全体がスピード感に包まれると同時に、5月からの「闘い」の雰囲気がさらに勢いを増します。金星は牡牛座に、水星は14日から双子座に入り、火星・金星・水星の三つともが自分の支配する星座に位置することになります。物事が比較的ストレートに、わかりやすく展開しそうです。

MONTHLY
HOROSCOPE

7

JULY

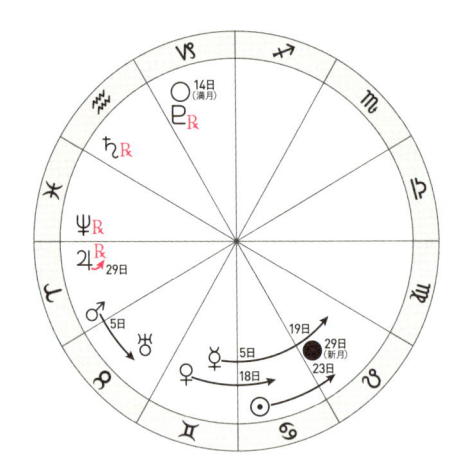

◆ **リラックスして、楽しいことを探す。**　　　♥♥

楽しい季節の到来です。この時期は少々「ゆるい」雰囲気に包まれるかもしれません。肩に力を入れてガンガン頑張る！というよりは、ふわふわと青空に遊ぶ雲のように流れに身を委ね、様々な発見を楽しみつつ進む、という時間になりそうです。楽しいことをたくさん見つけたいときです。

◆ **仲間とどのように「わかちあう」か。**　　　💰💰

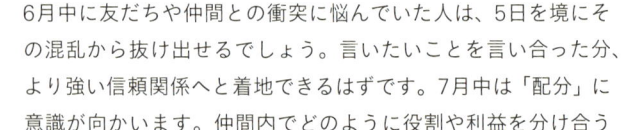

6月中に友だちや仲間との衝突に悩んでいた人は、5日を境にその混乱から抜け出せるでしょう。言いたいことを言い合った分、より強い信頼関係へと着地できるはずです。7月中は「配分」に意識が向かいます。仲間内でどのように役割や利益を分け合う

かに、スポットライトが当たるのです。あなた自身はもちろん、みんなが納得する形にきちんと切り分ける役目を、あなたが担うことになるのかもしれません。19日を境に、面倒な作業もきちんと着地します。月の下旬はとても風通しが良くなります。月末、驚きの朗報が飛び込んで来て、「これから」に、いっそう大きな希望を持てそうです。

❤ キラキラの愛の季節の到来。　　　　　　　　❤❤❤

きらめくような愛の季節です。愛の星・金星があなたのもとに巡ってきて、あなたの住む世界を愛でいっぱいに充たしてくれるでしょう。ほめられたり誘われたりと、嬉しいことが増えます。これまであまり恋愛に興味がなかった人も、ふと「これから」のことを考えたとき、パートナーシップについて真剣に検討したくなるかもしれません。カップルはあなたのほうからいろいろな企画を考え、相手に愛を注げるときです。もともとあなたは「演出」がとても得意ですが、この時期愛のワンシーンを演出して、相手の心をぐっと掴めそうです。

》 7月 全体の星模様 《

5日、火星は牡牛座へ、水星は蟹座へ移動し、「闘い」の熱量はぐっと落ち着きます。多少、ぶすぶすくすぶるかもしれませんが、先鋭的な勢いが収まり、冷静さを取り戻せそうです。勝ち負けや論理から、人の気持ちや感受性へと軸足がシフトします。18日から23日に金星・水星・太陽が動き、節目感が。29日の獅子座の新月は木星と120度で、活力溢れるスタートラインです。

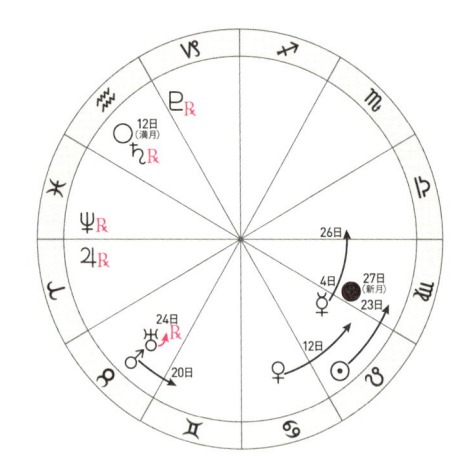

MONTHLY
HOROSCOPE

8
AUGUST

◆外側から内側へ、視線がシフトする。

過去数ヵ月、外へ向かう活動が忙しかったはずですが、8月は一転して「内側の世界」に意識が向かいます。家族と過ごしたり、家の中を片づけたり、近所を探索したり、といった活動に意欲が向かうでしょう。外部から得た知識や情報をしっかり咀嚼し、体験と結びつけて、「自分のもの」にできます。

◆頼れる「身内」がじわじわ増える。

月の前半は引き続き、経済活動が活性化しています。お金や買い物に関して、嬉しいことが多いでしょう。12日前後、とても重要なメッセージを受け取ることになるかもしれません。遠くから何らかのオファーがあったり、誰かから誘われたりしそう

です。一つ一つ思いを受け取り、丁寧にレスポンスすることで、「身内」と呼べる存在がじわじわ増えます。

◆大勝負の季節に突入する。
20日から2023年3月にまたがって「勝負の季節」が到来します。何らかの目標を掲げて果敢に挑戦し、素晴らしい勝利を収められる時間帯です。夢はできるだけ大きく描いて。

♥後半に向けて徐々に活性化する。
月の半ばから後半に向かって、徐々に動きが出てきそうです。特に12日以降、意中の人と話す機会が増えるなど、「ささやかだけれども嬉しいこと」が起こりやすいでしょう。カップルも一緒に出かけたり、語らったりする機会が多くなり、ともに過ごす時間が楽しくなります。20日以降はあなたの情熱に燃料が注がれ、愛の炎が大きく燃え上がります。26日を過ぎると情熱が具体的行動に結びつき、特に愛を探している人は、きっかけを掴みやすくなるでしょう。

8月 全体の星模様

水星は4日に乙女座入り、「自宅」で俄然元気が出てきます。教育的活動やあらゆる実務がとても捗(はかど)るでしょう。12日、水瓶座の土星の近くで満月が起こり、金星が獅子座に移動します。この日は大事な節目で、2020年頃から2023年3月半ばにかけての一連のプロセスのマイルストーンです。20日に火星が双子座入りし、2023年3月まで滞在します。長丁場の勝負の始まりです。

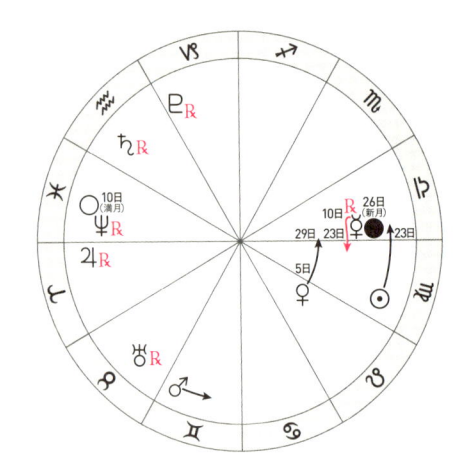

MONTHLY
HOROSCOPE

9
SEPTEMBER

◆才能の新たな「使い途(みち)」を見つける。　★★

ストイックな勝負の時間にあります。自分で自分を試すような熱い時間の中で、自分自身の隠れた才能に気づかされるかもしれません。あるいは、「なるほど、自分の個性はこんなふうに使えるんだ！」といった発見もありそうです。強みは「使い方」で効果が変わります。自分の力を再発見できるときです。

◆疲れを癒やせる場所。　🏠🏠🏠

家の中がとても楽しくなる時期です。外でガンガン勝負して疲れていても、家に帰れば愉快な、明るい気持ちになれるでしょう。そのことがこの時期、かけがえのない支えになるはずです。家族や身近な人に甘えられますし、普段は話さないような大事

なことを、話題に上らせられるかもしれません。暗い気持ちの日には部屋のどこかに、明るい色の花を飾って。

◆ **密かな期待が叶う瞬間。**
10日前後、長い間頑張ってきたことの結果が出そうです。仕事や対外的な活動において、大きな成果を挙げる人も。密かに期待していた「ブレイクスルー」が起こりそうです。

♥ **「迷路」の地下で密かに進展する愛。**
愛の迷路のような場所に入ります。お互いの忙しさの中で予定がどんどん変更になったり、連絡がつきにくくなったりする場面もあるかもしれません。でも、これはあくまで「いまだけ」のことです。うろうろ迷い、停滞しているようでも、心の中ではちゃんと「進展」している部分があります。月末から少しずつ追い風が吹き始め、回復の兆しが見えるでしょう。愛を探している人は26日前後、機会を掴めるかもしれません。失った愛が復活する気配もあります。

9月 全体の星模様

金星が5日に乙女座入り、天秤座の水星が10日から逆行を開始します。乙女座も水星も「実務」と関係が深いのですが、この二つの動きは「実務がゆるくなる・混乱する」イメージの形です。合理性やスピード感を求める人は、この時期は少々辛く感じられるでしょう。あくまで柔軟に、目の前の状況に即して動くように心がけると、変則的な状況をけっこう、楽しめるはずです。

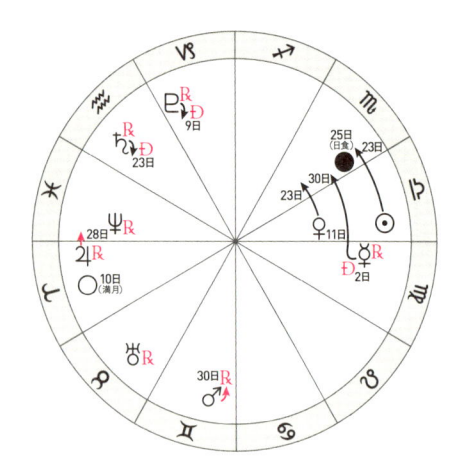

MONTHLY
HOROSCOPE

10
OCTOBER

◆自力で到達する、「夢見た場所」。

漠然と夢見てきたことを、自力で叶えられるときです。「こんなふうになればいいな」という思いが、「なるほど、こう動けばいいのか！」という閃きに結びつきます。今のあなたの情熱をもってすれば、叶わぬことなどありません。損得抜きで動くほど、なぜか意図せぬ報酬をどーんと受け取れそうです。

◆「人気が出る」とき。才能が輝く。

才能がどんどん発掘され、開花します。自分の個性やアイデアを活かす場に恵まれますし、プレゼンテーションも冴え渡ります。自己主張や自己表現に臆することなく挑み、多くの人の心を掴めるでしょう。「人気が出る・ファンが増える」ようなタイ

ミングなのです。9月中に迷いの沼にはまり込んでいた人も、10月に入るとほぼ同時に、その迷いが吹っ切れます。「とにかく、楽しいと思える方向に動こう！」と心を決めて、思い切って動き出せば、想像よりずっとうまくいくはずです。10日前後、素晴らしいサポートを得られそうです。

♥1年で最も勢いのある、愛の季節。 ♥ ♥ ♥
キラキラの愛の季節です。9月の迷路を抜け出したら10月は花園だった！というような、ドラマティックな展開になりそうです。今の双子座の人々の胸には情熱が燃え、普段の何倍も積極的になっています。ゆえに、この時期の愛のドラマは、あなた自身の主導で、一気に進展していくでしょう。愛を探している人はきっと出会いが見つかります。「探すべきところを探す」のがポイントです。双子座の人々はもともと、戦略眼に優れています。持ち前の「どう動けば目標を達成できるか」を考える力を、愛の世界でも活かすことができるでしょう。カップルは愛のコミュニケーションが百花繚乱となります。

》10月 全体の星模様《

前月末に金星が天秤座入りし、「自宅」で羽を伸ばします。逆行していた水星も2日に順行に戻り、人間関係や経済活動、実務について「混乱が収まり、スムーズに動き出す」展開となるでしょう。23日以降星々は蠍座に移動し、28日に木星が魚座に戻ります。5月半ばくらいから一時停止していたテーマが、ここから12月中旬にかけて「仕上げ」に入ります。25日、ミラクルの気配も。

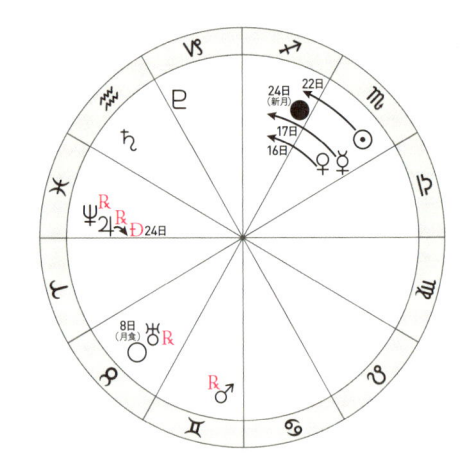

MONTHLY HOROSCOPE

11

NOVEMBER

◆「気持ち」を重視すると、遠回りが近道に。

月の前半はバタバタと忙しくなります。やることが山積みなのに、なぜか周囲と足並みが揃わず、苛立つ場面もあるかもしれませんが、この時期は物事の優先順位を、効率や合理性ではなく、あえて「人の気持ち・喜び」を基準に並べ替えてみると、意外な効能が見えてくるようです。少しゆるめに。

◆「やりにくいこと」の中にある学び。

月の後半、人間関係が一気に賑やかになります。いろいろな人から声をかけられますし、人と関わる機会が増えるでしょう。ただ、この時期はあなたが普段得意とするやり方ではなく、相手のやり方に合わせることが必要になりそうです。また、あまり

得意ではないことに、誰かと一緒に取り組むことになるなど、「ちょっとやりにくいなあ」と感じられる場面も多いかもしれません。それでも、人の優しさや好意に包まれながら何とか取り組むうち、自然に大きく成長できるはずです。24日前後、公私ともに素敵な出会いの気配が。

♥受け止めてもらえる喜び、受け止める余裕。　♥♥♥
秋頃から「自分は情熱的なのに、相手がなかなか受け止めてくれない、愛が空回りしている」と感じていた人は、11月半ば以降、その情熱を受け止めてもらえる喜びに充たされるでしょう。この時期、あなたの前に「向き合ってくれる人」がいるはずなのです。あるいは、ここで「なぜ相手が自分に向き合ってくれなかったのか」がわかる可能性もあります。相手のことをより深く理解できる機会、心の距離を縮めるための方法がわかります。こちらから矢を射続けているときは、相手からの矢を受ける余裕がありません。言わば「受け身をとる」ことで、見えなかったものが一気に見えてきそうです。

》11月 全体の星模様《

8日、牡牛座で皆既月食が起こります。日本全国で見ることができ、星占い的にも重要なターニングポイントです。特に今回は天王星と重なる（天王星食）ため、突発性、意外性が含まれています。「これまで続けてきたことが、化ける」可能性が。24日の射手座の新月は星座の境目をはさみつつ木星と120度を形成。あらゆる境界線を越えて出発する「自由へのスタート」です。

MONTHLY
HOROSCOPE

12

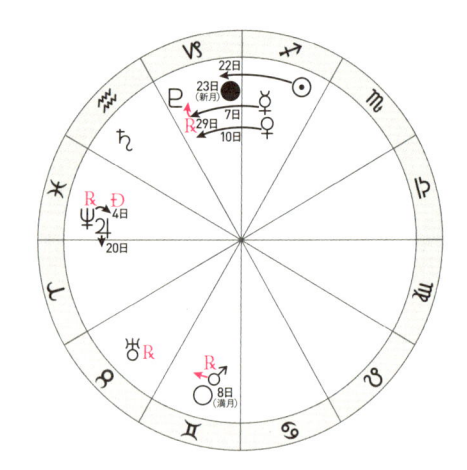

DECEMBER

◆ **本物の「対戦相手」がいてくれるとき。**

「真剣勝負」の時間です。8月下旬からずっと勝負を続けてきたあなたですが、この時期は正面に立ってくれる「対戦相手」がいるようなのです。「胸を借りる」つもりでどーんとぶつかって、素晴らしい経験ができるでしょう。「本物」と勝負するとき、人は飛躍的に成長できます。相手の目を見て。

◆ **長期的な道のりのマイルストーン。**

8日前後、頑張ってきたことが大きく報われるタイミングです。特に、夏からずっと挑んできたことの成果が現れ、人に認めてもらえるでしょう。尊敬する人に背中をどんと押してもらえるような、素晴らしい瞬間もあるかもしれません。さらに、もう

少し長いスパンで2021年から大きなミッションに取り組んでいる人も少なくないはずですが、20日には一段落するでしょう。長いチャレンジの道のりの上で「ここまで来たんだ！」というマイルストーンを見つけられます。

❤ **自分と同じくらい、相手も強い。**

パワフルな熱い季節です。うまくいっている恋愛では、お互いに個性の違いこそあれ、「強さ」は似通っている場合が多いようです。同等のエネルギーを持った者同士でなければ、互いに相手の生き方を受け止めきれないのだろうと思います。この時期、あなたはとてもエネルギッシュですが、それと同じくらいの情熱と強さを持った相手があなたの前に立つようです。カップルは相手の強さを通して自分の強さを、鏡を見るように再確認できるかもしれません。「この人に太刀打ちできるのは、自分くらいのものだな」とわかり、自信と元気が湧き上がるでしょう。「強い人」に心惹かれる時期ですが、「尊敬できる人」という条件も大切です。向き合えるときです。

》》12月 全体の星模様《

7日、水星が山羊座に移動し、少々散らかり気味だった状況がピタリと整理され、気持ちがクリアになるでしょう。8日の双子座の満月は長期滞在中の火星とほぼ重なり、8月下旬からの「勝負」のマイルストーンを見出せます。20日、木星が牡羊座へと移動し、23日の新月がこれに90度を組みます。年明けより一足先に「新たなスタート」の雰囲気が濃く感じられるでしょう。

HOSHIORI

月と星で読む
双子座 365日のカレンダー

◆**月の巡りで読む、12種類の日。**

　毎日の占いをする際、最も基本的な「時計の針」となるのが、月の動きです。「今日、月が何座にいるか」がわかれば、今日のあなたの生活の中で、どんなテーマにスポットライトが当たっているかがわかります（P.64からの「365日のカレンダー」に、毎日の月のテーマが書かれています。☽マークは新月や満月など、◆マークは星の動きです）。

　本書では、月の位置による「その日のテーマ」を、右の表のように表しています。

　月は1ヵ月で12星座を一回りするので、一つの星座に2日半ほど滞在します。ゆえに、右の表の「〇〇の日」は、毎日変わるのではなく、2日半ほどで切り替わります。

　月が星座から星座へと移動するタイミングが、切り替えの時間です。この「切り替えの時間」はボイドタイムの終了時間と同じです。

1. **スタートの日**:物事が新しく始まる日。
「仕切り直し」ができる、フレッシュな雰囲気の日。

2. **お金の日**:経済面・物質面で動きが起こりそうな日。
自分の手で何かを創り出せるかも。

3. **メッセージの日**:素敵なコミュニケーションが生まれる。
外出、勉強、対話の日。待っていた返信が来る。

4. **家の日**:身近な人や家族との関わりが豊かになる。
家事や掃除など、家の中のことをしたくなるかも。

5. **愛の日**:恋愛他、愛全般に追い風が吹く日。
好きなことができる。自分の時間を作れる。

6. **メンテナンスの日**:体調を整えるために休む人も。
調整や修理、整理整頓、実務などに力がこもる。

7. **人に会う日**:文字通り「人に会う」日。
人間関係が活性化する。「提出」のような場面も。

8. **プレゼントの日**:素敵なギフトを受け取れそう。
他人のアクションにリアクションするような日。

9. **旅の日**:遠出することになるか、または、
遠くから人が訪ねてくるかも。専門的学び。

10. **達成の日**:仕事や勉強など、頑張ってきたことについて、
何らかの結果が出るような日。到達。

11. **友だちの日**:交友関係が広がる、賑やかな日。
目指している夢や目標に一歩近づけるかも。

12. **ひみつの日**:自分一人の時間を持てる日。
自分自身としっかり対話できる。

◆ **太陽と月と星々が巡る「ハウス」のしくみ。**

前ページの、月の動きによる日々のテーマは「ハウス」というしくみによって読み取れます。

「ハウス」は、「世俗のハウス」とも呼ばれる、人生や生活の様々なイベントを読み取る手法です。12星座の一つ一つを「部屋」に見立て、そこに星が出入りすることで、その時間に起こる出来事の意義やなりゆきを読み取ろうとするものです。

自分の星座が「第1ハウス」で、そこから反時計回りに12まで数字を入れてゆくと、ハウスの完成です。

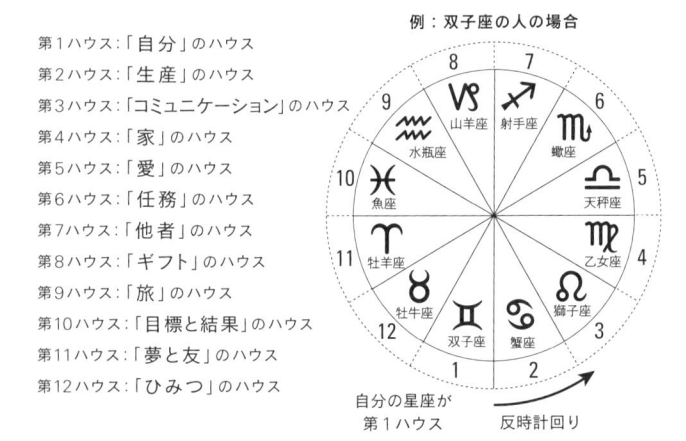

第1ハウス:「自分」のハウス
第2ハウス:「生産」のハウス
第3ハウス:「コミュニケーション」のハウス
第4ハウス:「家」のハウス
第5ハウス:「愛」のハウス
第6ハウス:「任務」のハウス
第7ハウス:「他者」のハウス
第8ハウス:「ギフト」のハウス
第9ハウス:「旅」のハウス
第10ハウス:「目標と結果」のハウス
第11ハウス:「夢と友」のハウス
第12ハウス:「ひみつ」のハウス

例:双子座の人の場合

自分の星座が第1ハウス　反時計回り

たとえば、今日の月が射手座に位置していたとすると、この日は「第7ハウスに月がある」ということになります。

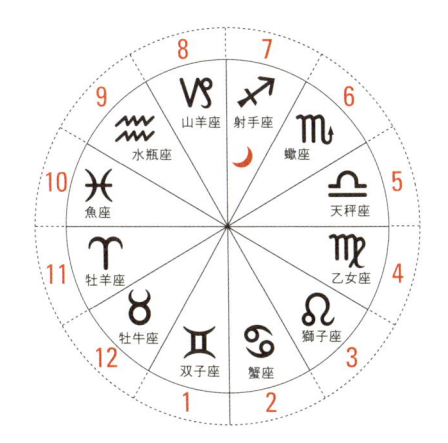

　前々ページの「○○の日」の前に打ってある数字は、実はハウスを意味しています。「第7ハウスに月がある」日は、「7．人に会う日」です。

　太陽と月、水星から海王星までの惑星、そして準惑星の冥王星が、この12のハウスをそれぞれのスピードで移動していきます。「どの星がどのハウスにあるか」で、その時間のカラーやそのとき起こっていることの意味を、読み解くことができるのです。

　詳しくは『星読み+』(幻冬舎コミックス刊)、または『月で読む　あしたの星占い』(すみれ書房刊) でどうぞ！

1 · JANUARY ·

1	土	人に会う日	[ボイド 17:17〜]
		人に会ったり、会う約束をしたりする日。出会いの気配も。	
2	日	人に会う日 ▶ プレゼントの日	[ボイド 〜08:03]
		他者との関係に、さらに一歩踏み込めるように。	
		◆水星が「旅」のハウスへ。軽やかな旅立ち。勉強や研究に追い風が。導き手に恵まれる。	
3	月	●プレゼントの日	
		人から貴重なものを受け取れる。提案を受ける場面も。	
		☽「ギフト」のハウスで新月。心の扉を開く。誰かに導かれての経験。ギフトから始まること。	
4	火	プレゼントの日 ▶ 旅の日	[ボイド 01:22〜07:45]
		遠い場所との間に、橋が架かり始める。	
5	水	旅の日	[ボイド 09:46〜]
		遠出したり、遠くから人が訪ねてくれたりする日。発信力も増す。	
6	木	旅の日 ▶ 達成の日	[ボイド 〜09:18]
		意欲が湧く。はっきりした成果が出る時間へ。	
7	金	達成の日	
		目標に手が届く。結果が出る日。人から認められる場面も。	
8	土	達成の日 ▶ 友だちの日	[ボイド 07:24〜14:27]
		肩の力が抜け、伸びやかな気持ちになれる。	
9	日	友だちの日	
		未来のプランを立てる。友だちと過ごせる。チームワーク。	
10	月	○友だちの日 ▶ ひみつの日	[ボイド 16:24〜23:48]
		ざわめきから少し離れたくなる。自分の時間。	
11	火	ひみつの日	
		一人の時間。過去を振り返り、戦略を練る。自分を大事にする。	
12	水	ひみつの日	
		一人の時間。過去を振り返り、戦略を練る。自分を大事にする。	
13	木	ひみつの日 ▶ スタートの日	[ボイド 04:40〜12:09]
		新しいことを始めやすい時間に切り替わる。	
14	金	スタートの日	
		主役の意識で動く。新しい選択肢を選べる。気持ちが切り替わる。	
		◆水星が「旅」のハウスで逆行開始。後戻りする旅、再訪。再研究、再発見。迷路。	
15	土	スタートの日	[ボイド 11:23〜]
		主役の意識で動く。新しい選択肢を選べる。気持ちが切り替わる。	
16	日	スタートの日 ▶ お金の日	[ボイド 〜01:12]
		物質面・経済活動が活性化する時間に入る。	
17	月	お金の日	
		いわゆる「金運がいい」日。実入りが良く、いい買い物もできそう。	

18 火
○ お金の日 ▶ メッセージの日　　　　　　　　　　　　[ボイド 08:50〜13:04]
「動き」が出てくる。コミュニケーションの活性。
🌙「生産」のハウスで満月。経済的・物質的な努力が実り、収穫が得られる。ゆたかさ、満足。

19 水
メッセージの日
待っていた朗報が届く。勉強が捗る。外に出たくなる日。
◆天王星が「ひみつ」のハウスで順行へ。心を塞ぐ大岩のいくつかを粉砕できる。不安の解消。

20 木
メッセージの日 ▶ 家の日　　　　　　　　　　　　　　[ボイド 17:17〜23:03]
生活環境や身内に目が向かう。原点回帰。
◆太陽が「旅」のハウスへ。1年のサイクルの中で「精神的成長」を確認するとき。

21 金
家の日
「普段の生活」が充実。身内との関係強化。環境改善ができる。

22 土
家の日
「普段の生活」が充実。身内との関係強化。環境改善ができる。

23 日
家の日 ▶ 愛の日　　　　　　　　　　　　　　　　　[ボイド 04:47〜07:04]
愛の追い風が吹く。好きなことができる。

24 月
愛の日
愛について嬉しいことがある。子育て、趣味、創作にも追い風が。
◆火星が「ギフト」のハウスへ。誘惑と情熱の呼応。生命の融合。精神的支配。配当。負債の解消。

25 火
◐ 愛の日 ▶ メンテナンスの日　　　　　　　　　　　[ボイド 07:11〜12:58]
「やりたいこと」から「やるべきこと」へのシフト。

26 水
メンテナンスの日
生活や心身の故障部分を修理できる。ケアしたり、されたり。
◆逆行中の水星が「ギフト」のハウスに。負債の精算、気になっていた負い目を解消できる。

27 木
メンテナンスの日 ▶ 人に会う日　　　　　　　　　　[ボイド 14:29〜16:36]
「自分の世界」から「外界」へ出るような節目。

28 金
人に会う日
人に会ったり、会う約束をしたりする日。出会いの気配も。

29 土
人に会う日 ▶ プレゼントの日　　　　　　　　　　　[ボイド 04:01〜18:10]
他者との関係に、さらに一歩踏み込めるように。
◆金星が「ギフト」のハウスで順行へ。人からの提案に込められた好意を理解できるようになる。

30 日
プレゼントの日
人から貴重なものを受け取れる。提案を受ける場面も。

31 月
プレゼントの日 ▶ 旅の日　　　　　　　　　　　　　[ボイド 13:45〜18:44]
遠い場所との間に、橋が架かり始める。

2 • FEBRUARY •

1	火	●旅の日 [ボイド 20:02〜] 遠出したり、遠くから人が訪ねてくれたりする日。発信力も増す。 🌙「旅」のハウスで新月。旅に出発する。専門分野を開拓し始める。 矢文を放つ。
2	水	旅の日 ▶ 達成の日 [ボイド 〜20:01] 意欲が湧く。はっきりした成果が出る時間へ。
3	木	達成の日 目標に手が届く。結果が出る日。人から認められる場面も。
4	金	達成の日 ▶ 友だちの日 [ボイド 18:42〜23:58] 肩の力が抜け、伸びやかな気持ちになれる。 ◆水星が「ギフト」のハウスで順行へ。経済的な関係性がスムーズに。マネジメントの成功。
5	土	友だちの日 未来のプランを立てる。友だちと過ごせる。チームワーク。
6	日	友だちの日 未来のプランを立てる。友だちと過ごせる。チームワーク。
7	月	友だちの日 ▶ ひみつの日 [ボイド 02:22〜07:54] ざわめきから少し離れたくなる。自分の時間。
8	火	◐ひみつの日 一人の時間。過去を振り返り、戦略を練る。自分を大事にする。
9	水	ひみつの日 ▶ スタートの日 [ボイド 13:49〜19:28] 新しいことを始めやすい時間に切り替わる。
10	木	スタートの日 主役の意識で動く。新しい選択肢を選べる。気持ちが切り替わる。
11	金	スタートの日 [ボイド 17:24〜] 主役の意識で動く。新しい選択肢を選べる。気持ちが切り替わる。
12	土	スタートの日 ▶ お金の日 [ボイド 〜08:28] 物質面・経済活動が活性化する時間に入る。
13	日	お金の日 いわゆる「金運がいい」日。実入りが良く、いい買い物もできそう。
14	月	お金の日 ▶ メッセージの日 [ボイド 19:28〜20:18] 「動き」が出てくる。コミュニケーションの活性。
15	火	メッセージの日 待っていた朗報が届く。勉強が捗る。外に出たくなる日。 ◆再び水星が「旅」のハウスへ。遠方との交流が正常化へ。移動ルートがしっかり定まる。
16	水	メッセージの日 待っていた朗報が届く。勉強が捗る。外に出たくなる日。

17	木	○メッセージの日 ▶ 家の日　　　　　　　　　　　[ボイド 01:58〜05:44] 生活環境や身内に目が向かう。原点回帰。 ☾「コミュニケーション」のハウスで満月。重ねてきた勉強や対話が実を結ぶとき。意思疎通が叶う。
18	金	家の日 「普段の生活」が充実。身内との関係強化。環境改善ができる。
19	土	家の日 ▶ 愛の日　　　　　　　　　　　　　　[ボイド 08:21〜12:52] 愛の追い風が吹く。好きなことができる。 ◆太陽が「目標と結果」のハウスへ。1年のサイクルの中で「目標と達成」を確認するとき。
20	日	愛の日 愛について嬉しいことがある。子育て、趣味、創作にも追い風が。
21	月	愛の日 ▶ メンテナンスの日　　　　　　　　　[ボイド 14:03〜18:20] 「やりたいこと」から「やるべきこと」へのシフト。
22	火	メンテナンスの日 生活や心身の故障部分を修理できる。ケアしたり、されたり。
23	水	メンテナンスの日 ▶ 人に会う日　　　　　　　[ボイド 18:25〜22:30] 「自分の世界」から「外界」へ出るような節目。
24	木	◐人に会う日 人に会ったり、会う約束をしたりする日。出会いの気配も。
25	金	人に会う日　　　　　　　　　　　　　　　　　[ボイド 12:26〜] 人に会ったり、会う約束をしたりする日。出会いの気配も。
26	土	人に会う日 ▶ プレゼントの日　　　　　　　　　[ボイド 〜01:29] 他者との関係に、さらに一歩踏み込めるように。
27	日	プレゼントの日　　　　　　　　　　　　　　　[ボイド 23:51〜] 人から貴重なものを受け取れる。提案を受ける場面も。
28	月	プレゼントの日 ▶ 旅の日　　　　　　　　　　　[ボイド 〜03:37] 遠い場所との間に、橋が架かり始める。

3 · MARCH ·

1	火	旅の日	[ボイド 11:02〜]

遠出したり、遠くから人が訪ねてくれたりする日。発信力も増す。

| 2 | 水 | 旅の日 ▶ 達成の日 | [ボイド 〜05:55] |

意欲が湧く。はっきりした成果が出る時間へ。

| 3 | 木 | ● 達成の日 | |

目標に手が届く。結果が出る日。人から認められる場面も。
🌙「目標と結果」のハウスで新月。新しいミッションがスタートするとき。目的意識が定まる。

| 4 | 金 | 達成の日 ▶ 友だちの日 | [ボイド 06:46〜09:54] |

肩の力が抜け、伸びやかな気持ちになれる。

| 5 | 土 | 友だちの日 | |

未来のプランを立てる。友だちと過ごせる。チームワーク。

| 6 | 日 | 友だちの日 ▶ ひみつの日 | [ボイド 13:03〜17:01] |

ざわめきから少し離れたくなる。自分の時間。
◆火星が「旅」のハウスへ。ここから「遠征」「挑戦の旅」に出発する人も。学びへの情熱。◆金星が「旅」のハウスへ。楽しい旅の始まり、旅の仲間。研究の果実。距離を越える愛。

| 7 | 月 | ひみつの日 | |

一人の時間。過去を振り返り、戦略を練る。自分を大事にする。

| 8 | 火 | ひみつの日 | [ボイド 23:36〜] |

一人の時間。過去を振り返り、戦略を練る。自分を大事にする。

| 9 | 水 | ひみつの日 ▶ スタートの日 | [ボイド 〜03:41] |

新しいことを始めやすい時間に切り替わる。

| 10 | 木 | ◐ スタートの日 | |

主役の意識で動く。新しい選択肢を選べる。気持ちが切り替わる。
◆水星が「目標と結果」のハウスへ。ここから忙しくなる。新しい課題、ミッション、使命。

| 11 | 金 | スタートの日 ▶ お金の日 | [ボイド 01:44〜16:25] |

物質面・経済活動が活性化する時間に入る。

| 12 | 土 | お金の日 | |

いわゆる「金運がいい」日。実入りが良く、いい買い物もできそう。

| 13 | 日 | お金の日 | |

いわゆる「金運がいい」日。実入りが良く、いい買い物もできそう。

| 14 | 月 | お金の日 ▶ メッセージの日 | [ボイド 00:45〜04:33] |

「動き」が出てくる。コミュニケーションの活性。

| 15 | 火 | メッセージの日 | [ボイド 19:57〜] |

待っていた朗報が届く。勉強が捗る。外に出たくなる日。

| 16 | 水 | メッセージの日 ▶ 家の日 | [ボイド 〜14:00] |

生活環境や身内に目が向かう。原点回帰。

17 木 家の日
「普段の生活」が充実。身内との関係強化。環境改善ができる。

18 金 ○家の日 ▶ 愛の日　　　　　　　　　　　　[ボイド 17:12〜20:27]
愛の追い風が吹く。好きなことができる。
🌙「家」のハウスで満月。居場所が「定まる」。身近な人の間で「心満ちる」とき。

19 土 愛の日
愛について嬉しいことがある。子育て、趣味、創作にも追い風が。

20 日 愛の日　　　　　　　　　　　　　　　　　[ボイド 21:41〜]
愛について嬉しいことがある。子育て、趣味、創作にも追い風が。

21 月 愛の日 ▶ メンテナンスの日　　　　　　　　[ボイド 〜00:46]
「やりたいこと」から「やるべきこと」へのシフト。
◆太陽が「夢と友」のハウスへ。1年のサイクルの中で「友」「未来」に目を向ける季節へ。

22 火 メンテナンスの日
生活や心身の故障部分を修理できる。ケアしたり、されたり。

23 水 メンテナンスの日 ▶ 人に会う日　　　　　　[ボイド 01:02〜04:00]
「自分の世界」から「外界」へ出るような節目。

24 木 人に会う日　　　　　　　　　　　　　　　[ボイド 22:00〜]
人に会ったり、会う約束をしたりする日。出会いの気配も。

25 金 ☽人に会う日 ▶ プレゼントの日　　　　　　　[ボイド 〜06:55]
他者との関係に、さらに一歩踏み込めるように。

26 土 プレゼントの日
人から貴重なものを受け取れる。提案を受ける場面も。

27 日 プレゼントの日 ▶ 旅の日　　　　　　　　　[ボイド 08:52〜09:56]
遠い場所との間に、橋が架かり始める。
◆水星が「夢と友」のハウスへ。仲間に恵まれる爽やかな季節。友と夢を語れる。新しい計画。

28 月 旅の日　　　　　　　　　　　　　　　　　[ボイド 23:12〜]
遠出したり、遠くから人が訪ねてくれたりする日。発信力も増す。

29 火 旅の日 ▶ 達成の日　　　　　　　　　　　　[ボイド 〜13:33]
意欲が湧く。はっきりした成果が出る時間へ。

30 水 達成の日
目標に手が届く。結果が出る日。人から認められる場面も。

31 木 達成の日 ▶ 友だちの日　　　　　　　　　　[ボイド 15:38〜18:32]
肩の力が抜け、伸びやかな気持ちになれる。

4 • APRIL •

1 金
● 友だちの日
🌙「夢と友」のハウスで新月。新しい仲間や友に出会えるとき。夢が生まれる。迷いが晴れる。
未来のプランを立てる。友だちと過ごせる。チームワーク。

2 土
友だちの日　　　　　　　　　　　　　　　　　　　[ボイド 22:52〜]
未来のプランを立てる。友だちと過ごせる。チームワーク。

3 日
友だちの日 ▶ ひみつの日　　　　　　　　　　　　[ボイド 〜01:51]
ざわめきから少し離れたくなる。自分の時間。

4 月
ひみつの日
一人の時間。過去を振り返り、戦略を練る。自分を大事にする。

5 火
ひみつの日 ▶ スタートの日　　　　　　　　　[ボイド 10:54〜12:05]
新しいことを始めやすい時間に切り替わる。

6 水
スタートの日
主役の意識で動く。新しい選択肢を選べる。気持ちが切り替わる。
◆金星が「目標と結果」のハウスへ。目標達成と勲章。気軽に掴めるチャンス。嬉しい配役。

7 木
スタートの日　　　　　　　　　　　　　　　　　[ボイド 12:16〜]
主役の意識で動く。新しい選択肢を選べる。気持ちが切り替わる。

8 金
スタートの日 ▶ お金の日　　　　　　　　　　　　[ボイド 〜00:31]
物質面・経済活動が活性化する時間に入る。

9 土
◐ お金の日
いわゆる「金運がいい」日。実入りが良く、いい買い物もできそう。

10 日
お金の日 ▶ メッセージの日　　　　　　　　　[ボイド 10:02〜13:01]
「動き」が出てくる。コミュニケーションの活性。

11 月
メッセージの日
待っていた朗報が届く。勉強が捗る。外に出たくなる日。
◆水星が「ひみつ」のハウスへ。思考が深まる。思索、瞑想、誰かのための勉強。記録の精査。

12 火
メッセージの日 ▶ 家の日　　　　　　　　　[ボイド 19:18〜23:09]
生活環境や身内に目が向かう。原点回帰。

13 水
家の日
「普段の生活」が充実。身内との関係強化。環境改善ができる。

14 木
家の日
「普段の生活」が充実。身内との関係強化。環境改善ができる。

15 金
家の日 ▶ 愛の日　　　　　　　　　　　　　　[ボイド 03:13〜05:47]
愛の追い風が吹く。好きなことができる。
◆火星が「目標と結果」のハウスへ。キャリアや社会的立場における「勝負」の季節へ。挑戦の時間。

16	土	愛の日	

愛について嬉しいことがある。子育て、趣味、創作にも追い風が。

17	日	○ 愛の日 ▶ メンテナンスの日　　　　　　　　　　[ボイド 06:58〜09:24]

「やりたいこと」から「やるべきこと」へのシフト。
🌙「愛」のハウスで満月。愛が「満ちる」「実る」とき。クリエイティブな作品の完成。

18	月	メンテナンスの日

生活や心身の故障部分を修理できる。ケアしたり、されたり。

19	火	メンテナンスの日 ▶ 人に会う日　　　　　　　　　　[ボイド 08:56〜11:18]

「自分の世界」から「外界」へ出るような節目。

20	水	人に会う日

人に会ったり、会う約束をしたりする日。出会いの気配も。
◆太陽が「ひみつ」のハウスへ。新しい1年を目前にしての、振り返りと準備の時期。

21	木	人に会う日 ▶ プレゼントの日　　　　　　　　　　[ボイド 05:57〜12:53]

他者との関係に、さらに一歩踏み込めるように。

22	金	プレゼントの日

人から貴重なものを受け取れる。提案を受ける場面も。

23	土	◐ プレゼントの日 ▶ 旅の日　　　　　　　　　　[ボイド 12:54〜15:18]

遠い場所の間に、橋が架かり始める。

24	日	旅の日

遠出したり、遠くから人が訪ねてくれたりする日。発信力も増す。

25	月	旅の日 ▶ 達成の日　　　　　　　　　　[ボイド 09:35〜19:16]

意欲が湧く。はっきりした成果が出る時間へ。

26	火	達成の日

目標に手が届く。結果が出る日。人から認められる場面も。

27	水	達成の日　　　　　　　　　　[ボイド 22:37〜]

目標に手が届く。結果が出る日。人から認められる場面も。

28	木	達成の日 ▶ 友だちの日　　　　　　　　　　[ボイド 〜01:11]

肩の力が抜け、伸びやかな気持ちになれる。

29	金	友だちの日

未来のプランを立てる。友だちと過ごせる。チームワーク。

30	土	友だちの日 ▶ ひみつの日　　　　　　　　　　[ボイド 06:40〜09:20]

ざわめきから少し離れたくなる。自分の時間。
◆冥王星が「ギフト」のハウスで逆行開始。心の中にある「欲望の容れ物」をかき回す。◆水星が「自分」のハウスへ。知的活動が活性化。若々しい気持ち、行動力。発言力の強化。

5 · MAY ·

1	日	●ひみつの日 一人の時間。過去を振り返り、戦略を練る。自分を大事にする。 ☾「ひみつ」のハウスで日食。精神の「復活」。心の中の新しい扉が開かれる。桎梏（しっこく）からの自由。
2	月	ひみつの日 ▶ スタートの日　　　　　　　　　　[ボイド 19:14～19:48] 新しいことを始めやすい時間に切り替わる。
3	火	スタートの日 主役の意識で動く。新しい選択肢を選べる。気持ちが切り替わる。 ◆金星が「夢と友」のハウスへ。友や仲間との交流が華やかに。「恵み」を受け取れる。
4	水	スタートの日 主役の意識で動く。新しい選択肢を選べる。気持ちが切り替わる。
5	木	スタートの日 ▶ お金の日　　　　　　　　　　[ボイド 05:38～08:06] 物質面・経済活動が活性化する時間に入る。
6	金	お金の日 いわゆる「金運がいい」日。実入りが良く、いい買い物もできそう。
7	土	お金の日 ▶ メッセージの日　　　　　　　　　　[ボイド 19:27～20:51] 「動き」が出てくる。コミュニケーションの活性。
8	日	メッセージの日 待っていた朗報が届く。勉強が捗る。外に出たくなる日。
9	月	◐メッセージの日　　　　　　　　　　　　　　　　[ボイド 21:40～] 待っていた朗報が届く。勉強が捗る。外に出たくなる日。
10	火	メッセージの日 ▶ 家の日　　　　　　　　　　　　[ボイド ～07:54] 生活環境や身内に目が向かう。原点回帰。 ◆水星が「自分」のハウスで逆行開始。立ち止まって「自分」を理解し直す時間へ。
11	水	家の日 「普段の生活」が充実。身内との関係強化。環境改善ができる。 ◆木星が「夢と友」のハウスへ。新しい夢を描く幸福な1年が始まる。仲間にも恵まれる季節。
12	木	家の日 ▶ 愛の日　　　　　　　　　　　　　　[ボイド 13:01～15:36] 愛の追い風が吹く。好きなことができる。
13	金	愛の日 愛について嬉しいことがある。子育て、趣味、創作にも追い風が。
14	土	愛の日 ▶ メンテナンスの日　　　　　　　　　　[ボイド 17:09～19:35] 「やりたいこと」から「やるべきこと」へのシフト。
15	日	メンテナンスの日 生活や心身の故障部分を修理できる。ケアしたり、されたり。
16	月	◯メンテナンスの日 ▶ 人に会う日　　　　　　　　[ボイド 18:29～20:52] 「自分の世界」から「外界」へ出るような節目。 ☾「任務」のハウスで月食。体調や労働が一つのピークを迎えたことで、不思議な変化が。

17	火	人に会う日	

17 火 人に会う日
人に会ったり、会う約束をしたりする日。出会いの気配も。

18 水 人に会う日 ▶ プレゼントの日　　　　　　　　　　　[ボイド 13:01〜21:03]
他者との関係に、さらに一歩踏み込めるように。

19 木 プレゼントの日
人から貴重なものを受け取れる。提案を受ける場面も。

20 金 プレゼントの日 ▶ 旅の日　　　　　　　　　　　　[ボイド 21:01〜21:54]
遠い場所との間に、橋が架かり始める。

21 土 旅の日
遠出したり、遠くから人が訪ねてくれたりする日。発信力も増す。
◆太陽が「自分」のハウスへ。お誕生月の始まり、新しい1年への「扉」を開くとき。

22 日 旅の日　　　　　　　　　　　　　　　　　　　　　[ボイド 16:20〜]
遠出したり、遠くから人が訪ねてくれたりする日。発信力も増す。

23 月 ◐旅の日 ▶ 達成の日　　　　　　　　　　　　　　[ボイド 〜00:51]
意欲が湧く。はっきりした成果が出る時間へ。
◆逆行中の水星が「ひみつ」のハウスへ。大事なことを思い出せる時間の到来。心の回復期。

24 火 達成の日
目標に手が届く。結果が出る日。人から認められる場面も。

25 水 達成の日 ▶ 友だちの日　　　　　　　　　　　　　[ボイド 06:35〜06:41]
肩の力が抜け、伸びやかな気持ちになれる。
◆火星が「夢と友」のハウスへ。交友関係やチームワークに「熱」がこもる。夢を叶える勝負。

26 木 友だちの日
未来のプランを立てる。友だちと過ごせる。チームワーク。

27 金 友だちの日 ▶ ひみつの日　　　　　　　　　　　　[ボイド 12:21〜15:24]
ざわめきから少し離れたくなる。自分の時間。

28 土 ひみつの日
一人の時間。過去を振り返り、戦略を練る。自分を大事にする。
◆金星が「ひみつ」のハウスへ。これ以降、純粋な愛情から行動できる。一人の時間の充実も。

29 日 ひみつの日　　　　　　　　　　　　　　　　　　　[ボイド 23:12〜]
一人の時間。過去を振り返り、戦略を練る。自分を大事にする。

30 月 ●ひみつの日 ▶ スタートの日　　　　　　　　　　　[ボイド 〜02:24]
新しいことを始めやすい時間に切り替わる。
☽「自分」のハウスで新月。大切なことがスタートする節目。フレッシュな「切り替え」。

31 火 スタートの日
主役の意識で動く。新しい選択肢を選べる。気持ちが切り替わる。

双子座 365日のカレンダー ｜ 73

6 • JUNE •

1	水	スタートの日 ▶ お金の日　　　　　　　　　　[ボイド 05:11〜14:50] 物質面・経済活動が活性化する時間に入る。
2	木	お金の日 いわゆる「金運がいい」日。実入りが良く、いい買い物もできそう。
3	金	お金の日 いわゆる「金運がいい」日。実入りが良く、いい買い物もできそう。 ◆水星が「ひみつ」のハウスで順行へ。自分の感情への理解が深まる。自分の言葉の発見。
4	土	お金の日 ▶ メッセージの日　　　　　　　　　[ボイド 00:16〜03:39] 「動き」が出てくる。コミュニケーションの活性。
5	日	メッセージの日 待っていた朗報が届く。勉強が捗る。外に出たくなる日。 ◆土星が「旅」のハウスで逆行開始。歩いてきた長い道のりを「踏み固める」期間へ。
6	月	メッセージの日 ▶ 家の日　　　　　　　　　　[ボイド 08:13〜15:23] 生活環境や身内に目が向かう。原点回帰。
7	火	●家の日 「普段の生活」が充実。身内との関係強化。環境改善ができる。
8	水	家の日　　　　　　　　　　　　　　　　　　　　[ボイド 21:10〜] 「普段の生活」が充実。身内との関係強化。環境改善ができる。
9	木	家の日 ▶ 愛の日　　　　　　　　　　　　　　　[ボイド 〜00:24] 愛の追い風が吹く。好きなことができる。
10	金	愛の日 愛について嬉しいことがある。子育て、趣味、創作にも追い風が。
11	土	愛の日 ▶ メンテナンスの日　　　　　　　　　[ボイド 02:38〜05:42] 「やりたいこと」から「やるべきこと」へのシフト。
12	日	メンテナンスの日 生活や心身の故障部分を修理できる。ケアしたり、されたり。
13	月	メンテナンスの日 ▶ 人に会う日　　　　　　　[ボイド 06:41〜07:33] 「自分の世界」から「外界」へ出るような節目。
14	火	○人に会う日　　　　　　　　　　　　　　　　　[ボイド 23:59〜] 人に会ったり、会う約束をしたりする日。出会いの気配も。 ◆再び水星が「自分」のハウスへ。このところの悩みが決着し、爽やかな意欲が出てくる。☽「他者」のハウスで満月。誰かとの一対一の関係が「満ちる」。交渉の成立、契約。
15	水	人に会う日 ▶ プレゼントの日　　　　　　　　[ボイド 〜07:15] 他者との関係に、さらに一歩踏み込めるように。
16	木	プレゼントの日 人から貴重なものを受け取れる。提案を受ける場面も。

17	金	プレゼントの日 ▶ 旅の日	[ボイド 03:43〜06:45]
		遠い場所との間に、橋が架かり始める。	
18	土	旅の日	
		遠出したり、遠くから人が訪ねてくれたりする日。発信力も増す。	
19	日	旅の日 ▶ 達成の日	[ボイド 03:51〜08:02]
		意欲が湧く。はっきりした成果が出る時間へ。	
20	月	達成の日	
		目標に手が届く。結果が出る日。人から認められる場面も。	
21	火	◑ 達成の日 ▶ 友だちの日	[ボイド 12:12〜12:38]
		肩の力が抜け、伸びやかな気持ちになれる。 ◆太陽が「生産」のハウスへ。1年のサイクルの中で「物質的・経済的土台」を整備する。	
22	水	友だちの日	
		未来のプランを立てる。友だちと過ごせる。チームワーク。	
23	木	友だちの日 ▶ ひみつの日	[ボイド 17:04〜20:59]
		ざわめきから少し離れたくなる。自分の時間。 ◆金星が「自分」のハウスに。あなたの魅力が輝く季節の到来。愛に恵まれる楽しい日々へ。	
24	金	ひみつの日	
		一人の時間。過去を振り返り、戦略を練る。自分を大事にする。	
25	土	ひみつの日	
		一人の時間。過去を振り返り、戦略を練る。自分を大事にする。	
26	日	ひみつの日 ▶ スタートの日	[ボイド 04:04〜08:14]
		新しいことを始めやすい時間に切り替わる。	
27	月	スタートの日	
		主役の意識で動く。新しい選択肢を選べる。気持ちが切り替わる。	
28	火	スタートの日 ▶ お金の日	[ボイド 11:39〜20:55]
		物質面・経済活動が活性化する時間に入る。 ◆海王星が「目標と結果」のハウスで逆行開始。名誉やプライドの裏側にある思いに目を向ける。	
29	水	● お金の日	
		いわゆる「金運がいい」日。実入りが良く、いい買い物もできそう。 ☽「生産」のハウスで新月。新しい経済活動をスタートさせる。新しいものを手に入れる。	
30	木	お金の日	
		いわゆる「金運がいい」日。実入りが良く、いい買い物もできそう。	

双子座 365日のカレンダー | 75

7 • JULY •

1	金	お金の日 ▶ メッセージの日	[ボイド 05:15〜09:41]
		「動き」が出てくる。コミュニケーションの活性。	

2 土 メッセージの日
待っていた朗報が届く。勉強が捗る。外に出たくなる日。

3 日 メッセージの日 ▶ 家の日　　　　　　　　　　　　[ボイド 19:00〜21:32]
生活環境や身内に目が向かう。原点回帰。

4 月 家の日
「普段の生活」が充実。身内との関係強化。環境改善ができる。

5 火 家の日
「普段の生活」が充実。身内との関係強化。環境改善ができる。
◆火星が「ひみつ」のハウスへ。内なる敵と闘って克服できる時間。自分の真の強さを知る。◆水星が「生産」のハウスへ。経済活動に知性を活かす。情報収集、経営戦略。在庫整理。

6 水 家の日 ▶ 愛の日　　　　　　　　　　　　　　　[ボイド 03:05〜07:26]
愛の追い風が吹く。好きなことができる。

7 木 ◐愛の日
愛について嬉しいことがある。子育て、趣味、創作にも追い風が。

8 金 愛の日 ▶ メンテナンスの日　　　　　　　　　　[ボイド 10:05〜14:16]
「やりたいこと」から「やるべきこと」へのシフト。

9 土 メンテナンスの日
生活や心身の故障部分を修理できる。ケアしたり、されたり。

10 日 メンテナンスの日 ▶ 人に会う日　　　　　　　　[ボイド 13:35〜17:35]
「自分の世界」から「外界」へ出るような節目。

11 月 人に会う日
人に会ったり、会う約束をしたりする日。出会いの気配も。

12 火 人に会う日 ▶ プレゼントの日　　　　　　　　　[ボイド 10:44〜18:02]
他者との関係に、さらに一歩踏み込めるように。

13 水 プレゼントの日
人から貴重なものを受け取れる。提案を受ける場面も。

14 木 ●プレゼントの日 ▶ 旅の日　　　　　　　　　　[ボイド 13:18〜17:14]
遠い場所との間に、橋が架かり始める。
☾「ギフト」のハウスで満月。人から「満を持して」手渡されるものがある。他者との融合。

15 金 旅の日
遠出したり、遠くから人が訪ねてくれたりする日。発信力も増す。

16 土 旅の日 ▶ 達成の日　　　　　　　　　　　　　[ボイド 13:37〜17:19]
意欲が湧く。はっきりした成果が出る時間へ。

17 日 達成の日
目標に手が届く。結果が出る日。人から認められる場面も。

18 月	達成の日 ▶ 友だちの日	[ボイド 15:44〜20:19]

肩の力が抜け、伸びやかな気持ちになれる。
◆金星が「生産」のハウスへ。経済活動の活性化、上昇気流。物質的豊かさの開花。

| 19 火 | 友だちの日 | |

未来のプランを立てる。友だちと過ごせる。チームワーク。
◆水星が「コミュニケーション」のハウスへ。知的活動の活性化、コミュニケーションの進展。学習の好機。

| 20 水 | ◐友だちの日 | [ボイド 23:20〜] |

未来のプランを立てる。友だちと過ごせる。チームワーク。

| 21 木 | 友だちの日 ▶ ひみつの日 | [ボイド 〜03:24] |

ざわめきから少し離れたくなる。自分の時間。

| 22 金 | ひみつの日 | |

一人の時間。過去を振り返り、戦略を練る。自分を大事にする。

| 23 土 | ひみつの日 ▶ スタートの日 | [ボイド 08:46〜14:12] |

新しいことを始めやすい時間に切り替わる。
◆太陽が「コミュニケーション」のハウスへ。1年のサイクルの中でコミュニケーションを繋ぎ直すとき。

| 24 日 | スタートの日 | |

主役の意識で動く。新しい選択肢を選べる。気持ちが切り替わる。

| 25 月 | スタートの日 | [ボイド 17:16〜] |

主役の意識で動く。新しい選択肢を選べる。気持ちが切り替わる。

| 26 火 | スタートの日 ▶ お金の日 | [ボイド 〜02:55] |

物質面・経済活動が活性化する時間に入る。

| 27 水 | お金の日 | |

いわゆる「金運がいい」日。実入りが良く、いい買い物もできそう。

| 28 木 | お金の日 ▶ メッセージの日 | [ボイド 09:55〜15:37] |

「動き」が出てくる。コミュニケーションの活性。

| 29 金 | ●メッセージの日 | |

待っていた朗報が届く。勉強が捗る。外に出たくなる日。
☽「コミュニケーション」のハウスで新月。新しいコミュニケーションが始まる。学び始める。朗報も。◆木星が「夢と友」のハウスで逆行開始。仲間との関係や未来の計画を「熟成」させる。

| 30 土 | メッセージの日 | [ボイド 13:30〜] |

待っていた朗報が届く。勉強が捗る。外に出たくなる日。

| 31 日 | メッセージの日 ▶ 家の日 | [ボイド 〜03:12] |

生活環境や身内に目が向かう。原点回帰。

8 · AUGUST ·

1	月	家の日 「普段の生活」が充実。身内との関係強化。環境改善ができる。
2	火	家の日 ▶ 愛の日　　　　　　　　　　　　　　　　[ボイド 07:30〜13:07] 愛の追い風が吹く。好きなことができる。
3	水	愛の日 愛について嬉しいことがある。子育て、趣味、創作にも追い風が。
4	木	愛の日 ▶ メンテナンスの日　　　　　　　　　　　[ボイド 15:20〜20:48] 「やりたいこと」から「やるべきこと」へのシフト。 ◆水星が「家」のハウスへ。来訪者、身近な人との対話。若々しい風が居場所に吹き込む。
5	金	◐メンテナンスの日 生活や心身の故障部分を修理できる。ケアしたり、されたり。
6	土	メンテナンスの日　　　　　　　　　　　　　　　　[ボイド 20:25〜] 生活や心身の故障部分を修理できる。ケアしたり、されたり。
7	日	メンテナンスの日 ▶ 人に会う日　　　　　　　　　　[ボイド 〜01:40] 「自分の世界」から「外界」へ出るような節目。
8	月	人に会う日　　　　　　　　　　　　　　　　　　　[ボイド 19:31〜] 人に会ったり、会う約束をしたりする日。出会いの気配も。
9	火	人に会う日 ▶ プレゼントの日　　　　　　　　　　　[ボイド 〜03:40] 他者との関係に、さらに一歩踏み込めるように。
10	水	プレゼントの日 人から貴重なものを受け取れる。提案を受ける場面も。
11	木	プレゼントの日 ▶ 旅の日　　　　　　　　　　　　　[ボイド 01:41〜03:46] 遠い場所との間に、橋が架かり始める。
12	金	○旅の日　　　　　　　　　　　　　　　　　　　　[ボイド 20:08〜] 遠出したり、遠くから人が訪ねてくれたりする日。発信力も増す。 ◆金星が「コミュニケーション」のハウスへ。喜びある学び、対話、外出。言葉による優しさ、愛の伝達。☾「旅」のハウスで満月。遠い場所への扉が「満を持して」開かれる。遠くまで声が届く。
13	土	旅の日 ▶ 達成の日　　　　　　　　　　　　　　　　[ボイド 〜03:45] 意欲が湧く。はっきりした成果が出る時間へ。
14	日	達成の日 目標に手が届く。結果が出る日。人から認められる場面も。
15	月	達成の日 ▶ 友だちの日　　　　　　　　　　　　　　[ボイド 00:12〜05:44] 肩の力が抜け、伸びやかな気持ちになれる。
16	火	友だちの日 未来のプランを立てる。友だちと過ごせる。チームワーク。
17	水	友だちの日 ▶ ひみつの日　　　　　　　　　　　　　[ボイド 05:19〜11:23] ざわめきから少し離れたくなる。自分の時間。

18	木	ひみつの日 一人の時間。過去を振り返り、戦略を練る。自分を大事にする。
19	金	◐ひみつの日 ▶ スタートの日　　　　　　　　　[ボイド 20:07〜21:07] 新しいことを始めやすい時間に切り替わる。
20	土	スタートの日 主役の意識で動く。新しい選択肢を選べる。気持ちが切り替わる。 ◆火星が「自分」のハウスへ。熱い自己変革の季節へ。勝負、挑戦。自分から動きたくなる。
21	日	スタートの日 主役の意識で動く。新しい選択肢を選べる。気持ちが切り替わる。
22	月	スタートの日 ▶ お金の日　　　　　　　　　　[ボイド 07:08〜09:30] 物質面・経済活動が活性化する時間に入る。
23	火	お金の日 いわゆる「金運がいい」日。実入りが良く、いい買い物もできそう。 ◆太陽が「家」のハウスへ。1年のサイクルの中で「居場所・家・心」を整備し直すような。
24	水	お金の日 ▶ メッセージの日　　　　　　　　　[ボイド 18:41〜22:10] 「動き」が出てくる。コミュニケーションの活性。 ◆天王星が「ひみつ」のハウスで逆行開始。なくしたカギや迷路の出口を探し始める。
25	木	メッセージの日 待っていた朗報が届く。勉強が捗る。外に出たくなる日。
26	金	メッセージの日　　　　　　　　　　　　　　　　[ボイド 15:56〜] 待っていた朗報が届く。勉強が捗る。外に出たくなる日。 ◆水星が「愛」のハウスへ。愛に関する学び、教育。若々しい創造性、遊び。知的創造。
27	土	●メッセージの日 ▶ 家の日　　　　　　　　　　[ボイド 〜09:26] 生活環境や身内に目が向かう。原点回帰。 ☽「家」のハウスで新月。心の置き場所が新たに定まる。日常に新しい風が吹き込む。
28	日	家の日 「普段の生活」が充実。身内との関係強化。環境改善ができる。
29	月	家の日 ▶ 愛の日　　　　　　　　　　　　　　[ボイド 12:09〜18:46] 愛の追い風が吹く。好きなことができる。
30	火	愛の日 愛について嬉しいことがある。子育て、趣味、創作にも追い風が。
31	水	愛の日　　　　　　　　　　　　　　　　　　　[ボイド 19:45〜] 愛について嬉しいことがある。子育て、趣味、創作にも追い風が。

9 • SEPTEMBER •

1	木	愛の日 ▶ メンテナンスの日	[ボイド 〜02:12]
		「やりたいこと」から「やるべきこと」へのシフト。	
2	金	メンテナンスの日	
		生活や心身の故障部分を修理できる。ケアしたり、されたり。	
3	土	メンテナンスの日 ▶ 人に会う日	[ボイド 02:23〜07:41]
		「自分の世界」から「外界」へ出るような節目。	
4	日	◐人に会う日	
		人に会ったり、会う約束をしたりする日。出会いの気配も。	
5	月	人に会う日 ▶ プレゼントの日	[ボイド 10:52〜11:04]
		他者との関係に、さらに一歩踏み込めるように。	
		◆金星が「家」のハウスへ。身近な人とのあたたかな交流。愛着。居場所を美しくする。	
6	火	プレゼントの日	
		人から貴重なものを受け取れる。提案を受ける場面も。	
7	水	プレゼントの日 ▶ 旅の日	[ボイド 06:44〜12:42]
		遠い場所との間に、橋が架かり始める。	
8	木	旅の日	[ボイド 21:35〜]
		遠出したり、遠くから人が訪ねてくれたりする日。発信力も増す。	
9	金	旅の日 ▶ 達成の日	[ボイド 〜13:43]
		意欲が湧く。はっきりした成果が出る時間へ。	
10	土	○達成の日	
		目標に手が届く。結果が出る日。人から認められる場面も。	
		◆水星が「愛」のハウスで逆行開始。失われた愛や喜びが「復活」するかも。創造的熟成。☽「目標と結果」のハウスで満月。目標達成のとき。社会的立場が一段階上がるような節目。	
11	日	達成の日 ▶ 友だちの日	[ボイド 09:30〜15:48]
		肩の力が抜け、伸びやかな気持ちになれる。	
12	月	友だちの日	
		未来のプランを立てる。友だちと過ごせる。チームワーク。	
13	火	友だちの日 ▶ ひみつの日	[ボイド 13:54〜20:40]
		ざわめきから少し離れたくなる。自分の時間。	
14	水	ひみつの日	
		一人の時間。過去を振り返り、戦略を練る。自分を大事にする。	
15	木	ひみつの日	[ボイド 22:00〜]
		一人の時間。過去を振り返り、戦略を練る。自分を大事にする。	
16	金	ひみつの日 ▶ スタートの日	[ボイド 〜05:17]
		新しいことを始めやすい時間に切り替わる。	
17	土	スタートの日	
		主役の意識で動く。新しい選択肢を選べる。気持ちが切り替わる。	

18 日	◐スタートの日 ▶ お金の日　　　　　　　　　　　[ボイド 06:53〜17:00]
	物質面・経済活動が活性化する時間に入る。

19 月	お金の日
	いわゆる「金運がいい」日。実入りが良く、いい買い物もできそう。

20 火	お金の日
	いわゆる「金運がいい」日。実入りが良く、いい買い物もできそう。

21 水	お金の日 ▶ メッセージの日　　　　　　　　　　　[ボイド 00:58〜05:39]
	「動き」が出てくる。コミュニケーションの活性。

22 木	メッセージの日　　　　　　　　　　　　　　　　　　[ボイド 20:08〜]
	待っていた朗報が届く。勉強が捗る。外に出たくなる日。

23 金	メッセージの日 ▶ 家の日　　　　　　　　　　　　　[ボイド 〜16:55]
	生活環境や身内に目が向かう。原点回帰。 ◆太陽が「愛」のハウスへ。1年のサイクルの中で「愛・喜び・創造性」を再生するとき。◆逆行中の水星が「家」のハウスに。「帰るべき場所・守るべき場所」を確かめる時間へ。

24 土	家の日
	「普段の生活」が充実。身内との関係強化。環境改善ができる。

25 日	家の日　　　　　　　　　　　　　　　　　　　　　　[ボイド 21:50〜]
	「普段の生活」が充実。身内との関係強化。環境改善ができる。

26 月	●家の日 ▶ 愛の日　　　　　　　　　　　　　　　　[ボイド 〜01:44]
	愛の追い風が吹く。好きなことができる。 ☽「愛」のハウスで新月。愛が「生まれる」ようなタイミング。大切なものと結びつく。

27 火	愛の日
	愛について嬉しいことがある。子育て、趣味、創作にも追い風が。

28 水	愛の日 ▶ メンテナンスの日　　　　　　　　　　　[ボイド 01:22〜08:16]
	「やりたいこと」から「やるべきこと」へのシフト。

29 木	メンテナンスの日
	生活や心身の故障部分を修理できる。ケアしたり、されたり。 ◆金星が「愛」のハウスへ。華やかな愛の季節の始まり。創造的活動への強い追い風。

30 金	メンテナンスの日 ▶ 人に会う日　　　　　　　　　[ボイド 06:21〜13:05]
	「自分の世界」から「外界」へ出るような節目。

10 ・OCTOBER・

1	土	人に会う日 人に会ったり、会う約束をしたりする日。出会いの気配も。
2	日	人に会う日 ▶ プレゼントの日　　　　　　　　　　　　[ボイド 06:47〜16:39] 他者との関係に、さらに一歩踏み込めるように。 ◆水星が「家」のハウスで順行へ。居場所での物事の流れがスムーズになる。家族の声。
3	月	●プレゼントの日 人から貴重なものを受け取れる。提案を受ける場面も。
4	火	プレゼントの日 ▶ 旅の日　　　　　　　　　　　　　　[ボイド 12:50〜19:22] 遠い場所との間に、橋が架かり始める。
5	水	旅の日 遠出したり、遠くから人が訪ねてくれたりする日。発信力も増す。
6	木	旅の日 ▶ 達成の日　　　　　　　　　　　　　　　　[ボイド 07:47〜21:48] 意欲が湧く。はっきりした成果が出る時間へ。
7	金	達成の日 目標に手が届く。結果が出る日。人から認められる場面も。
8	土	達成の日　　　　　　　　　　　　　　　　　　　　　[ボイド 20:12〜] 目標に手が届く。結果が出る日。人から認められる場面も。
9	日	達成の日 ▶ 友だちの日　　　　　　　　　　　　　　[ボイド 〜00:58] 肩の力が抜け、伸びやかな気持ちになれる。 ◆冥王星が「ギフト」のハウスで順行へ。欲望や「受け取ること」に関する肯定感の再生。
10	月	○友だちの日　　　　　　　　　　　　　　　　　　　[ボイド 23:03〜] 未来のプランを立てる。友だちと過ごせる。チームワーク。 ☽「夢と友」のハウスで満月。希望してきた条件が整う。友や仲間への働きかけが「実る」。
11	火	友だちの日 ▶ ひみつの日　　　　　　　　　　　　　[ボイド 〜06:05] ざわめきから少し離れたくなる。自分の時間。 ◆再び水星が「愛」のハウスへ。愛の歯車が合い始め、周囲の人々と息が合うようになる。
12	水	ひみつの日 一人の時間。過去を振り返り、戦略を練る。自分を大事にする。
13	木	ひみつの日 ▶ スタートの日　　　　　　　　　　　　[ボイド 06:43〜14:09] 新しいことを始めやすい時間に切り替わる。
14	金	スタートの日 主役の意識で動く。新しい選択肢を選べる。気持ちが切り替わる。
15	土	スタートの日　　　　　　　　　　　　　　　　　　　[ボイド 13:12〜] 主役の意識で動く。新しい選択肢を選べる。気持ちが切り替わる。
16	日	スタートの日 ▶ お金の日　　　　　　　　　　　　　[ボイド 〜01:12] 物質面・経済活動が活性化する時間に入る。

17	月	お金の日 いわゆる「金運がいい」日。実入りが良く、いい買い物もできそう。
18	火	◐お金の日 ▶ メッセージの日　　　　　　　　　　　　[ボイド 05:58〜13:46] 「動き」が出てくる。コミュニケーションの活性。
19	水	メッセージの日 待っていた朗報が届く。勉強が捗る。外に出たくなる日。
20	木	メッセージの日　　　　　　　　　　　　　　　　　　[ボイド 19:36〜] 待っていた朗報が届く。勉強が捗る。外に出たくなる日。
21	金	メッセージの日 ▶ 家の日　　　　　　　　　　　　　　[ボイド 〜01:27] 生活環境や身内に目が向かう。原点回帰。
22	土	家の日 「普段の生活」が充実。身内との関係強化。環境改善ができる。
23	日	家の日 ▶ 愛の日　　　　　　　　　　　　　　　　　[ボイド 03:19〜10:25] 愛の追い風が吹く。好きなことができる。 ◆土星が「旅」のハウスで順行へ。長旅の再開。長期的研究活動に見通しがつく。◆金星が「任務」のハウスへ。美しい生活スタイルの実現。美のための習慣。楽しい仕事。◆太陽が「任務」のハウスへ。1年のサイクルの中で「健康・任務・日常」を再構築するとき。
24	月	愛の日 愛について嬉しいことがある。子育て、趣味、創作にも追い風が。
25	火	●愛の日 ▶ メンテナンスの日　　　　　　　　　　　[ボイド 09:37〜16:20] 「やりたいこと」から「やるべきこと」へのシフト ☾「任務」のハウスで日食。特別な形で新しい生活が始まる。心身の健康が転換点に。
26	水	メンテナンスの日 生活や心身の故障部分を修理できる。ケアしたり、されたり。
27	木	メンテナンスの日 ▶ 人に会う日　　　　　　　　　　[ボイド 13:29〜19:56] 「自分の世界」から「外界」へ出るような節目。
28	金	人に会う日 人に会ったり、会う約束をしたりする日。出会いの気配も。 ◆逆行中の木星が「目標と結果」のハウスへ。再び「大活躍」の時間へ。自分の立場を見ូせる。
29	土	人に会う日 ▶ プレゼントの日　　　　　　　　　　　[ボイド 22:11〜22:23] 他者との関係に、さらに一歩踏み込めるように。
30	日	プレゼントの日 人から貴重なものを受け取れる。提案を受ける場面も。 ◆水星が「任務」のハウスへ。日常生活の整理、整備。健康チェック。心身の調律。◆火星が「自分」のハウスで逆行開始。「前進」の勢いを止めて、炭を熱くおこすプロセスへ。
31	月	プレゼントの日 人から貴重なものを受け取れる。提案を受ける場面も。

11 • NOVEMBER •

1	火	● プレゼントの日 ▶ 旅の日　　　　　　　　　　　[ボイド 00:16〜00:44]
		遠い場所との間に、橋が架かり始める。

2	水	旅の日　　　　　　　　　　　　　　　　　　　　[ボイド 20:09〜]
		遠出したり、遠くから人が訪ねてくれたりする日。発信力も増す。

3	木	旅の日 ▶ 達成の日　　　　　　　　　　　　　　[ボイド 〜03:48]
		意欲が湧く。はっきりした成果が出る時間へ。

4	金	達成の日
		目標に手が届く。結果が出る日。人から認められる場面も。

5	土	達成の日 ▶ 友だちの日　　　　　　　　　　　　[ボイド 07:06〜08:08]
		肩の力が抜け、伸びやかな気持ちになれる。

6	日	友だちの日
		未来のプランを立てる。友だちと過ごせる。チームワーク。

7	月	友だちの日 ▶ ひみつの日　　　　　　　　　　　[ボイド 07:31〜14:16]
		ざわめきから少し離れたくなる。自分の時間。

8	火	● ひみつの日
		一人の時間。過去を振り返り、戦略を練る。自分を大事にする。 🌙「ひみつ」のハウスで月食。心の中で不思議な「解放」が起こりそう。精神的脱皮。

9	水	ひみつの日 ▶ スタートの日　　　　　　　　　　[ボイド 21:01〜22:38]
		新しいことを始めやすい時間に切り替わる。

10	木	スタートの日
		主役の意識で動く。新しい選択肢を選べる。気持ちが切り替わる。

11	金	スタートの日
		主役の意識で動く。新しい選択肢を選べる。気持ちが切り替わる。

12	土	スタートの日 ▶ お金の日　　　　　　　　　　　[ボイド 07:30〜09:23]
		物質面・経済活動が活性化する時間に入る。

13	日	お金の日
		いわゆる「金運がいい」日。実入りが良く、いい買い物もできそう。

14	月	お金の日 ▶ メッセージの日　　　　　　　　　　[ボイド 19:42〜21:49]
		「動き」が出てくる。コミュニケーションの活性。

15	火	メッセージの日
		待っていた朗報が届く。勉強が捗る。外に出たくなる日。

16	水	● メッセージの日
		待っていた朗報が届く。勉強が捗る。外に出たくなる日。 ◆金星が「他者」のハウスへ。人間関係から得られる喜び。愛あるパートナーシップ。

17	木	メッセージの日 ▶ 家の日	[ボイド 08:57〜10:05]

生活環境や身内に目が向かう。原点回帰。
◆水星が「他者」のハウスへ。正面から向き合う対話。調整のための交渉。若い人との出会い。

18 金 家の日
「普段の生活」が充実。身内との関係強化。環境改善ができる。

19 土 家の日 ▶ 愛の日　　　　　　　　　　　　　　[ボイド 17:48〜19:59]
愛の追い風が吹く。好きなことができる。

20 日 愛の日
愛について嬉しいことがある。子育て、趣味、創作にも追い風が。

21 月 愛の日　　　　　　　　　　　　　　　　　　[ボイド 20:16〜]
愛について嬉しいことがある。子育て、趣味、創作にも追い風が。

22 火 愛の日 ▶ メンテナンスの日　　　　　　　　　[ボイド 〜02:17]
「やりたいこと」から「やるべきこと」へのシフト。
◆太陽が「他者」のハウスへ。1年のサイクルの中で人間関係を「結び直す」とき。

23 水 メンテナンスの日
生活や心身の故障部分を修理できる。ケアしたり、されたり。

24 木 ●メンテナンスの日 ▶ 人に会う日　　　　　　　[ボイド 03:17〜05:17]
「自分の世界」から「外界」へ出るような節目。
☽「他者」のハウスで新月。出会いのとき。誰かとの関係が刷新。未来への約束を交わす。◆木星が「目標と結果」のハウスで順行へ。キャリアにおける成長のプロセスが前進に転じる。

25 金 人に会う日
人に会ったり、会う約束をしたりする日。出会いの気配も。

26 土 人に会う日 ▶ プレゼントの日　　　　　　　　　[ボイド 04:23〜06:19]
他者との関係に、さらに一歩踏み込めるように。

27 日 プレゼントの日
人から貴重なものを受け取れる。提案を受ける場面も。

28 月 プレゼントの日 ▶ 旅の日　　　　　　　　　　　[ボイド 05:12〜07:08]
遠い場所との間に、橋が架かり始める。

29 火 旅の日　　　　　　　　　　　　　　　　　　　[ボイド 15:55〜]
遠出したり、遠くから人が訪ねてくれたりする日。発信力も増す。

30 水 ◐旅の日 ▶ 達成の日　　　　　　　　　　　　　[ボイド 〜09:16]
意欲が湧く。はっきりした成果が出る時間へ。

12 ・DECEMBER・

1 木 達成の日
目標に手が届く。結果が出る日。人から認められる場面も。

2 金 達成の日 ▶ 友だちの日 [ボイド 11:46〜13:42]
肩の力が抜け、伸びやかな気持ちになれる。

3 土 友だちの日
未来のプランを立てる。友だちと過ごせる。チームワーク。

4 日 友だちの日 ▶ ひみつの日 [ボイド 14:47〜20:39]
ざわめきから少し離れたくなる。自分の時間。
◆海王星が「目標と結果」のハウスで順行へ。仕事や社会的活動が不思議な順風に乗り始める。

5 月 ひみつの日
一人の時間。過去を振り返り、戦略を練る。自分を大事にする。

6 火 ひみつの日
一人の時間。過去を振り返り、戦略を練る。自分を大事にする。

7 水 ひみつの日 ▶ スタートの日 [ボイド 04:03〜05:50]
新しいことを始めやすい時間に切り替わる。
◆水星が「ギフト」のハウスへ。利害のマネジメント。コンサルテーション。カウンセリング。

8 木 〇 スタートの日
主役の意識で動く。新しい選択肢を選べる。気持ちが切り替わる。
☾「自分」のハウスで満月。現在の自分を受け入れられる。誰かに受け入れてもらえる。

9 金 スタートの日 ▶ お金の日 [ボイド 15:15〜16:50]
物質面・経済活動が活性化する時間に入る。

10 土 お金の日
いわゆる「金運がいい」日。実入りが良く、いい買い物もできそう。
◆金星が「ギフト」のハウスへ。欲望の解放と調整、他者への要求、他者からの要求。甘え。

11 日 お金の日
いわゆる「金運がいい」日。実入りが良く、いい買い物もできそう。

12 月 お金の日 ▶ メッセージの日 [ボイド 03:50〜05:10]
「動き」が出てくる。コミュニケーションの活性。

13 火 メッセージの日
待っていた朗報が届く。勉強が捗る。外に出たくなる日。

14 水 メッセージの日 ▶ 家の日 [ボイド 00:53〜17:47]
生活環境や身内に目が向かう。原点回帰。

15 木 家の日
「普段の生活」が充実。身内との関係強化。環境改善ができる。

16	金	◐家の日 「普段の生活」が充実。身内との関係強化。環境改善ができる。
17	土	家の日 ▶ 愛の日　　　　　　　　　　　　　　[ボイド 04:14〜04:50] 愛の追い風が吹く。好きなことができる。
18	日	愛の日 愛について嬉しいことがある。子育て、趣味、創作にも追い風が。
19	月	愛の日 ▶ メンテナンスの日　　　　　　　　　　[ボイド 07:37〜12:32] 「やりたいこと」から「やるべきこと」へのシフト。
20	火	メンテナンスの日 生活や心身の故障部分を修理できる。ケアしたり、されたり。 ◆再び木星が「夢と友」のハウスへ。交友関係の拡大が再開する。自由に夢を描ける状況に。
21	水	メンテナンスの日 ▶ 人に会う日　　　　　　　　[ボイド 11:46〜16:14] 「自分の世界」から「外界」へ出るような節目。
22	木	人に会う日 人に会ったり、会う約束をしたりする日。出会いの気配も。 ◆太陽が「ギフト」のハウスへ。1年のサイクルの中で経済的授受のバランスを見直すとき。
23	金	●人に会う日 ▶ プレゼントの日　　　　　　　　[ボイド 05:17〜16:51] 他者との関係に、さらに一歩踏み込めるように。 ☽「ギフト」のハウスで新月。心の扉を開く。誰かに導かれての経験。ギフトから始まること。
24	土	プレゼントの日 人から貴重なものを受け取れる。提案を受ける場面も。
25	日	プレゼントの日 ▶ 旅の日　　　　　　　　　　　[ボイド 12:12〜16:15] 遠い場所との間に、橋が架かり始める。
26	月	旅の日 遠出したり、遠くから人が訪ねてくれたりする日。発信力も増す。
27	火	旅の日 ▶ 達成の日　　　　　　　　　　　　　　[ボイド 03:21〜16:35] 意欲が湧く。はっきりした成果が出る時間へ。
28	水	達成の日 目標に手が届く。結果が出る日。人から認められる場面も。
29	木	達成の日 ▶ 友だちの日　　　　　　　　　　　　[ボイド 15:22〜19:37] 肩の力が抜け、伸びやかな気持ちになれる。 ◆水星が「ギフト」のハウスで逆行開始。経済的関係の調整。貸し借りの精算。「お礼・お返し」。
30	金	◐友だちの日 未来のプランを立てる。友だちと過ごせる。チームワーク。
31	土	友だちの日　　　　　　　　　　　　　　　　　　[ボイド 21:45〜] 未来のプランを立てる。友だちと過ごせる。チームワーク。

双子座 365日のカレンダー ｜ 87

参考 カレンダー解説の文字・線の色

あなたの星座にとって星の動きがどんな意味を持つか、わかりやすくカレンダーに書き込んでみたのが、P.89からの「カレンダー解説」です。色分けは厳密なものではありませんが、だいたい以下のようなイメージで分けられています。

―― 赤色
インパクトの強い出来事、意欲や情熱、
パワーが必要な場面。

―― 水色
ビジネスや勉強、コミュニケーションなど、
知的な活動に関すること。

―― 紺色
重要なこと、長期的に大きな意味のある変化。
精神的な変化、健康や心のケアに関すること。

―― 緑色
居場所、家族に関すること。

―― ピンク色
愛や人間関係に関すること。嬉しいこと。

―― オレンジ色
経済活動、お金に関すること。

HOSHIORI

双子座 2022年の
カレンダー解説

● 解説の文字・線の色のイメージはP.88をご参照下さい ●

1 · JANUARY ·

mon	tue	wed	thu	fri	sat	sun
					1	2
3	4	5	6	7	8	9
10	11	12	13	14	15	16
17	18	19	20	21	22	23
24	25	26	27	28	(29)	30
31						

2021/12/13–1/24 「対決」のとき。熱い人間関係に揉まれる。目標達成のために誰かと向き合う。タフな交渉の結果、大きな成果を挙げられる。

1/26–2/15 お金について前向きな動きがあるとき。価値あるものを「受け取る・受け継ぐ」人も。

1/29前後、新しいお金の流れが「回り始める」。パートナーの経済状態が上向きに。

2 · FEBRUARY ·

mon	tue	wed	thu	fri	sat	sun
	1	2	3	(4)	5	6
7	8	9	10	11	12	13
14	(15)	16	17	18	19	20
21	22	23	24	25	26	27
28						

2/4 ぱっと気持ちが明るくなる節目。悩みや停滞感が消える。心が軽くなる。

2/15–3/10 爽やかな追い風を感じられる。行動範囲が広がり、多くを学べるとき、遠くまで声が届く。

3 • MARCH •

mon	tue	wed	thu	fri	sat	sun
			1	2	③	4	5	6
7	8	9	10	11	12	13
14	15	16	17	⑱	19	20
21	22	23	24	25	26	27
28	29	30	31			

3/3　新しいミッションがスタートする。大きな使命。誰かの人生の一部を引き受けるような選択、決断。

3/10–3/21　いつもとは少し違う形で活躍できるとき。あえて「自力」にこだわらず、いろいろな人の力を借りて大きな成果を出せる。「頭脳」より「ハート」が頼りになるとき。

3/18　身近な人のサポートで、難問が解決するかも。守られること、甘えられることの喜び。

4 • APRIL •

mon	tue	wed	thu	fri	sat	sun
				1	2	3
4	5	6	7	8	9	10
11	12	13	14	15	16	⑰
18	19	20	21	22	23	24
25	26	27	28	29	30	

4/6–5/16　熱いチャンスが巡ってくる。大活躍、大勝負の季節。ガンガン攻めるとき。挑戦の季節。

4/17　「愛の成就」のとき。この日の前後、愛についての努力が大きく報われる。思いが伝わる。

双子座 カレンダー解説　　91

5 ・MAY・

mon	tue	wed	thu	fri	sat	sun
						1
2	3	4	5	6	7	8
9	10	⑪	12	13	14	15
16	17	18	19	20	21	22
23	24	25	26	27	28	29
㉚	31					

4/30–7/5　過去の経験の中に「使えること」がたくさん見つかる。腰を据えて「これまでの自分」と「これからの自分」に向き合うとき。5/10–6/14は特に「振り返り」の作業が発生しやすい。

5/11–10/28　恵みの多い成長期へ。特に「人」に恵まれる。社会的に「居場所」を得られる。一人の人間として自由でいられる場所。年末に「第二幕」も。

5/30　双子座で新月。特別なスタートのタイミング。

6 ・JUNE・

mon	tue	wed	thu	fri	sat	sun
	1	2	3	4	5	
6	7	8	9	10	11	12
13	⑭	15	16	17	18	19
20	21	22	23	24	25	26
27	28	29	30			

6/14　人間関係に嬉しい展開が。自分を新しい形で認めてもらえるかも。

6/23–7/18　キラキラの愛の季節。精神的な気高さが、愛を長続きさせる。信頼と尊敬。

7 ・JULY・

mon	tue	wed	thu	fri	sat	sun
				1	2	3
4	5	6	7	8	9	10
11	12	13	14	15	16	17
⑱	19	20	21	22	㉓	24
25	26	27	28	29	30	31

7/18–8/12　お金に恵まれる。物質的な豊かさを追求できる。経済活動の拡大。

7/23–8/23　主体的に勉強できるとき。力強いメッセージのやりとり。行動範囲が広がる。

8 ・AUGUST・

mon	tue	wed	thu	fri	sat	sun
1	2	3	4	5	6	7
8	9	10	11	12	13	14
15	16	17	18	19	20	21
22	23	24	25	26	27	28
29	30	31				

8/4–8/26　家族や身近な人と密度の濃いコミュニケーションができる。普段の環境を大きく変えられる。「生活動線」の見直し。テリトリーで気分良く動けるとき。

8/20–2023/3/25　双子座に火星が長期滞在。自分自身と闘って勝利できる。人生を変えるような挑戦ができるとき。「自分を変える」機会を掴める。

双子座 カレンダー解説　｜　93

9 ·SEPTEMBER·

mon	tue	wed	thu	fri	sat	sun
				1	2	3	4
5	6	7	8	9	⑩	11
12	13	14	15	16	17	18
19	20	21	22	23	24	25
26	27	28	29	30		

9/10　仕事や対外的な活動において、大きな成果を挙げられる。今年の前半に頑張ったことが、少しのタイムラグを経て、このタイミングで実を結ぶかも。高く評価される。

9/29-10/23　愛と情熱の季節。愛について自分から積極的に動ける。やりたいことに打ち込める。子育てにおいて嬉しいことが多いかも。とても楽しい時間帯。

10 ·OCTOBER·

mon	tue	wed	thu	fri	sat	sun
				1	②
3	4	5	6	7	8	9
10	11	12	13	14	15	16
17	18	19	20	21	22	23
24	25	26	27	㉘	29	30
31

10/2　暮らしの中で、とても居心地が良くなる。足場がしっかりして、落ち着きが出てくる。

10/28-12/20　2021年から断続的に訪れたキャリアや社会的立場に関するターニングポイント的な変化が、ここで最終段階に入る。大きなチャンスを掴む人も。

11 • NOVEMBER •

mon	tue	wed	thu	fri	sat	sun
	1	2	3	4	5	6
7	8	9	10	11	12	13
14	15	16	17	18	19	20
21	22	23	(24)	25	26	27
28	29	30				

11/16–12/10　素晴らしい人間関係に恵まれる。多少混乱があっても、お互いの誠意や好意を信じることで、状況が好転していく。

11/24　素敵な出会いのとき。出会いが出会いを呼び、より大きな人間関係に拡大していく気配も。人との関わりの中で、イニシアチブを取れる。

12 • DECEMBER •

mon	tue	wed	thu	fri	sat	sun
			1	2	3	4
5	6	7	(8)	9	10	11
12	13	14	15	16	17	18
19	(20)	21	22	23	24	25
26	27	28	29	30	31	

12/8　双子座で満月、大事な転換点。努力が報われる、大事なステップアップのとき。8月から続いている「勝負」に、勝機が見える。

12/20–2023/5/17　新しい社会的な居場所を開拓できるとき。友だちが増える。新たなネットワークを形成できる。夢を叶えられる。

双子座 カレンダー解説　｜　95

HOSHIORI

12星座プロフィール
プロフィール、サポートするなら、プチ占い

GEMINI

双子座のプロフィール
知と言葉の星座

I think.

キャラクター

◆ 未知と知の星座

　幼い頃は、誰もが好奇心の塊です。大人が「いけません」と言うものを触りたがり、口に入れたがり、怒られそうな言葉を繰り返し、禁止されている場所に入りたがります。この世界についてもっと知りたい、という純粋な欲望が、幼い子供の心には渦巻いているようです。そんな生き生きした知性そのもののような星座が、双子座です。ゆえに双子座の人々はいくつになってもフレッシュな好奇心に溢れ、未知のものに興味を持ち、すぐに「自分のもの」にしてしまいます。常に若々しい精神が見た目にも表れ、「いくつになっても若々しさを保つ」人々です。

◆ メッセンジャー

　双子座を支配する星は水星、すなわちマーキュリーです。ギリシャ神話でのヘルメス神に支配された双子座の人々は、ヘルメス同様、フットワークに優れ、人と人を結びつけるメッセンジャー的な役割を担うことも多いようです。とは

いえ、ヘルメスはただの「伝令」ではなく、必ず何かしらの使命を持っています。双子座の人々は大変働き者で、他の人には不可能なことも、その知恵の回転によって可能にしてしまいます。

◆ 洗練と破壊力、二面性の星座

　知的で、ユーモアに溢れ、ものにこだわらず、少々飽きっぽく、変化に柔軟に対応し、自由なフットワークで世界中を旅することができる双子座の人々は、とても爽やかで軽やかな印象を持たれがちです。知的でクールなスタイルで憧れられることも多いようです。

　ですが、その一方で、激しい反骨精神と荒ぶる魂の持ち主でもあります。時として、場を根本から「破壊」してしまうような、強烈なパワーを発するのです。双子座の人々の「破壊」行為は、一見無目的で、圧倒的です。普通なら「破壊のあとに建築しよう」という目的を持って破壊するところを、双子座の人々はただ「破壊のために破壊する」のです。

　とはいえ、双子座の「破壊のための破壊」は、結果的に別の美しい現象をもたらすこともあります。合理的に考えてしまえば誰も壊せなかった、いびつな、硬直的な古城を突然破壊したとき、今まで誰も見たことのなかった景色が

出現することがあるのです。

◆ 二つの存在が出会って、新しいものが生まれる

　二つ以上のものを組み合わせる才能に恵まれています。いくつかのことを並行して進めることも得意です。いわゆる「二足のわらじ」を履くことになる傾向があります。

◆ 嵐の星座

　双子座の二つ星、カストルとポルックスは、古来「セント・エルモの火」の別名を得て、嵐の中を航海する船乗りたちの守り神とされてきました。嵐にあっても、マストの上に「セント・エルモの火」が輝けば、嵐はすぐに治まると言われています。

　双子という現象は、多くの文化圏で「受け入れがたい、自然の神秘」と考えられ、怖れられました。嵐など、人間には制御できない自然の力と、双子という不思議な存在が結びつけられることもあったようです。

　神話や象徴の世界は両義的にできており、「嵐と関係がある」ことが、同時に「嵐から守ってくれる神」という意味に結びつきます。ゆえに双子座という星座は、「嵐」を呼び覚ます星座でもあり、鎮める星座でもあるのです。

支配星・神話

◆ カストルとポルックス

　双子座と言えば「カストルとポルックス」。二人はレダを母とする双子ですが、ポルックスは神ゼウスの子で、カストルは人間の王の子どもでした。つまり、ポルックスは不死の神の子であり、カストルは命に限りのある人間だったわけです。カストルとポルックスは「死と生」という、正反対の運命を象徴する存在です。生がなければ死という概念は生まれず、死がなければ生も意味を持ちません。双子座が支配する「言葉」というものの構造が、その神話にはっきりと示されています。

◆「間（あわい）」の星座

　翼の生えたサンダルを履くヘルメスしかり、愛の女神の伝令キューピッド（エロース）、キリスト教における天使たちなど、天と地の間、生と俗の間を自由に行き来する存在が、神話世界には不可欠です。天と地が結ばれ、互いに語り合えないならば、私たちの心はよりどころを失います。人間世界の出来事に神々の力が加わらなければ、物語は意味をなさないのです。さらに言えば、善と悪のあわいに立つのもこの「翼を持つ存在」たちです。

　たとえばヘルメスは知恵の神であり、コミュニケーショ

ンの神であり、商売の神でもありますが、同時に「ドロボウの神」でもあります（！）。善か悪のどちらかに立ってしまえばできないことを、「翼を持つ存在」たちは担っているのです。

　双子座の人々もそれに似て、一つのグループや価値観の世界に「属してしまう」ことをしません。常にそれ以外の世界にも自由に飛んでいける状態を維持し、思い立ったらぱっと別の場所に移動することができます。「どこにも属さない」ことが、双子座の人々にとっては、とても自然なことなのです。

双子座の才能

　言葉やコミュニケーションに特別な才能を持つ人が多いようです。言葉の使い方に敏感ですし、コミュニケーションの善し悪しを見分ける眼差しも鋭いので、かえって自分の能力を過小評価する人も少なくありません。エキスパートほど謙虚になるものですが、あなたは知的活動において、特異なセンスを備えているからこそ、自分自身への点が辛いのです。「予定調和を破る」「おかしな空気を壊す」勇気があります。また、「特に教わらなくても自分で調べ、考えて上達する」といった才能にも恵まれています。

牡羊座　はじまりの星座　　　　　　　　　　I am.

素敵なところ
裏表がなく純粋で、自他を比較しません。明るく前向きで、正義感が強く、諍(いさか)いのあともさっぱりしています。欲しいものを欲しいと言える勇気、自己主張する勇気、誤りを認める勇気の持ち主です。

キーワード
勢い／勝負／果断／負けず嫌い／せっかち／能動的／スポーツ／ヒーロー・ヒロイン／華やかさ／アウトドア／草原／野生／丘陵／動物愛／議論好き／肯定的／帽子・頭部を飾るもの／スピード／赤

2022年、牡羊座の人をサポートするなら

2022年の牡羊座の人は、未来に対してどこか悲観的になっています。いつになく、将来に対する不安を口にしがちかもしれません。元気づけるなら、その不安感を十分に受け止めた上で、客観的な意見を静かに、短めに述べるといいかもしれません。5月半ばから10月、そして12月下旬以降は、牡羊座の人は非常に忙しくなりますし、一大転機を迎えます。新たなフィールドで自信喪失気味なら、とにかく長所を賞賛し、励ましたいところです。

2022年の牡羊座プチ占い (3/21-4/20生まれ)

約12年に一度の「人生の一大ターニングポイント」「一大転機」が巡ってきます。人生の新しい章の幕開け、リセットとスタートが同時に起こるような「節目」です。転機と呼ぶにふさわしい、目立つ出来事が、いくつも起こるでしょう。引っ越しや転職、昇進、結婚や出産他、人生の中でそうしょっちゅう起こらないような、記憶に残る大事なイベントが発生しやすい年なのです。8月下旬から2023年年明け、熱いコミュニケーションに包まれます。

牡牛座　五感の星座　　　　　　　　　　　　　　I have.

素敵なところ

感情が安定していて、態度に一貫性があります。知識や経験をたゆまずゆっくり、たくさん身につけます。穏やかでも不思議な存在感があり、周囲の人を安心させます。美意識が際立っています。

キーワード

感覚／色彩／快さ／リズム／マイペース／芸術／暢気（のんき）／贅沢／コレクション／一貫性／素直さと頑固さ／価値あるもの／美声・歌／料理／庭造り／変化を嫌う／積み重ね／エレガント／レモン色／白

2022年、牡牛座の人をサポートするなら

2022年の牡牛座の人は、前年同様プレッシャーに押しつぶされそうになっているかもしれません。あるいは、2020年頃からの一連の苦労で、疲労がピークに達している気配も。疲れているようなら短い時間でも、とにかく休むことを勧めたいところです。特に5月以降は、まとまった休養を取る時間がありそうですので、「気兼ねせずに休むように」と伝えてあげるといいかもしれません。友の存在自体が、この時期の牡牛座の人にとって、大きな救いです。

2022年の牡牛座プチ占い (4/21–5/21生まれ)

2022年は「希望と友情」、そして「治癒」の年です。「人を容れる力」「人に頼る力」「人の力をまとめ、活かす力」「人を育てる力」などが手に入ります。ともに生きる人々と希望を分かち合い、大きな夢を追いかけられる年です。2020年から社会的立場や責任がぐっと重みを増していますが、それを背負う力が身につきます。8月下旬から2023年3月にかけて、経済活動が一気に活性化します。価値あるものが手に入る年です。

双子座　知と言葉の星座　　　　　　　　　I think.

素敵なところ

イマジネーション能力が高く、言葉と物語を愛するユニークな人々です。フットワークが良く、センサーが敏感で、いくつになっても若々しく見えます。場の空気・状況を変える力を持っています。

キーワード

言葉／コミュニケーション／取引・ビジネス／相対性／比較／関連づけ／物語／比喩／移動／旅／ジャーナリズム／靴／天使・翼／小鳥／桜色／桃色／空色／文庫本／文房具／手紙

2022年、双子座の人をサポートするなら

2022年の双子座の人は、とにかく多忙です。チャレンジを続けていて、自分の社会的立場の変化に戸惑っている人も少なくないはずです。「なにができていないか」ではなく「なにができているか」を指摘してあげると、プレッシャーが多少なりとも軽減されるかもしれません。8月下旬以降は、タフな勝負に臨む人が多いはずです。とにかく味方になること、「必要な場合には一緒に闘うよ」と意思表示することが、とても助けになるでしょう。

2022年の双子座プチ占い (5/22-6/22生まれ)

2022年は双子座の人々にとって、「大活躍の時間」の第二弾です。2021年5月半ばから7月に「第一弾」が展開したのですが、それよりも一回り大きなスケールで勝負できる年なのです。特に、2012年頃から憧れて目指してきたこと、志してきたこと、思い描いてきたビジョンがあれば、それがこの時期、現実のものとなります。言わば「夢が現実になる年」なのです。8月下旬から2023年3月は、古い殻を自ら打ち破れる、勝負の季節です。

蟹座　感情の星座　　　　　　　　　　　I feel.

素敵なところ

心優しく、共感力が強く、人の世話をするときに手間を惜しみません。行動力に富み、人にあまり相談せずに大胆なアクションを起こすことがありますが、「聞けばちゃんと応えてくれる」人々です。

キーワード

感情／変化／月／守護・保護／日常生活／行動力／共感／安心／繰り返すこと／拒否／生活力／フルーツ／アーモンド／巣穴／胸部、乳房／乳白色／銀色／真珠

2022年、蟹座の人をサポートするなら

2022年の蟹座の人は、自分のことよりも他人のことであれこれ悩んでいるかもしれません。場合によっては「踏み込みすぎ」「考えすぎ」の部分もあるはずなので、「それは相手のことだから、相手に任せるべきだ」というふうに、少し距離を置く考え方を示すと、リラックスしてくれるかもしれません。年の後半は第三者からは見えないところで奮闘している気配があります。一見元気そうでも、疲れている可能性があるので、デリケートに接して。

2022年の蟹座プチ占い (6/23-7/23生まれ)

蟹座の2022年は「冒険と成長」の季節です。コミュニケーションや学びを通して「未知の世界」へと足を踏み入れられます。あらゆる意味で「世界が広がる」のです。新たな専門分野に出会う人もいるでしょう。すでに身につけた専門性をグレードアップさせるべく、精力的に学び、修行する人もいるはずです。5月中旬から2023年5月半ばにかけては、ここまでに学んだことを実行に移す、「チャレンジの時間」です。社会的立場が一回り大きくなります。

獅子座　意思の星座　　　　　　　　　　　　　I will.

素敵なところ

太陽のように肯定的で、安定感があります。深い自信を持っており、側にいる人を安心させることができます。人を頷(うなず)かせる力、一目置かせる力、パワー感を持っています。内面には非常に繊細な部分も。

キーワード

強さ／クールさ／肯定的／安定感／ゴールド／背中／自己表現／演技／芸術／暖炉／広場／人の集まる賑やかな場所／劇場・舞台／お城／愛／子供／緋色／パープル／緑

2022年、獅子座の人をサポートするなら

2022年の獅子座の人は、2020年頃からの人間関係における悩みを、引き続き抱え込んでいる可能性があります。人の意見が耳に入りにくくなっている可能性もありますので、「押しつけ」は禁物です。そっと寄り添うこと、相手が見ているものを一緒に見ようとすることができれば、少しずつ心を開いてくれるかもしれません。年の後半は、一緒に熱く盛り上がれる場面がありそうです。「共闘」できることも出てくるでしょう。

2022年の獅子座プチ占い (7/24-8/23生まれ)

獅子座の2022年は「ギフトの年」です。ここで受け取る「ギフト」には「生命力」と「名誉」が含まれています。リレーのバトンのようにそのギフトを受け取り、新しい生命力をあなたの手で吹き込むことが、2022年のテーマとなるでしょう。さらに5月中旬以降「冒険と学びの季節」に突入します。未知の世界、未体験の世界に足を踏み入れることになるでしょう。8月下旬から2023年3月は、熱い仲間に恵まれそうです。情熱を共有できるときです。

乙女座　分析の星座

I analyze.

素敵なところ

一見クールに見えるのですが、とても優しく世話好きな人々です。他者に対する観察眼が鋭く、シャープな批評を口にしますが、その相手の変化や成長を心から喜べる、「教育者」の顔を持っています。

キーワード

感受性の鋭さ／「気が利く」人／世話好き／働き者／デザイン／コンサバティブ／胃腸／神経質／分析／調合／変化／回復の早さ／迷いやすさ／研究家／清潔／ブルーブラック／空色／桃色

2022年、乙女座の人をサポートするなら

2022年の乙女座の人がもし、不機嫌そうに見えたなら、それはあなたへの感情によるものではなく、ただ身体や心がとても疲れているためである可能性が高そうです。この時期の乙女座の人々は、責任感やプレッシャーから多くのものを背負い込んでいて、自分で思う以上に疲れているのです。ケアしてあげたいときは、優しい言葉はもちろん役に立つはずですし、年の後半は特に、美味しいものの差し入れなど、「ギフト」が効果的なようです。

2022年の乙女座プチ占い (8/24-9/23生まれ)

乙女座の2022年は、「人間関係の年」であり、「パートナーシップの年」であり、さらに「愛と情熱の年」でもあります。他者と正面から濃厚に関わりながら心を燃やし、何事かを成し遂げていける年です。さらに、8月下旬から2023年3月は、「チャレンジ・勝負の季節」です。特に仕事や対外的な活動において、華やかな挑戦ができるタイミングです。非常に忙しくなりますし、よりスケールの大きな活動に身を投じる人が多いはずです。

天秤座　関わりの星座

I balance.

素敵なところ

高い知性に恵まれると同時に、人に対する深い愛を抱いています。視野が広く、客観性を重視し、細やかな気遣いができます。内側には熱い情熱を秘めていて、個性的なこだわりや競争心が強い面も。

キーワード

人間関係／客観視／合理性／比較対象／美／吟味／審美眼／評価／選択／平和／交渉／結婚／諍い(いさかい)／調停／パートナーシップ／契約／洗練／豪奢／黒／芥子色(からしいろ)／深紅色／水色／薄い緑色／ベージュ

2022年、天秤座の人をサポートするなら

2022年の天秤座の人々は、自分の個性や才能に自信を失っているかもしれません。あるいは、自分の生きる世界がとても小さく感じられて、それを広げようと必死になっているのかもしれません。それらは多くの場合、不当な過小評価のようです。元気づけたいときは「あなたは客観的に見て、こんなふうにすごい、これができている」と、「第三者としての冷静な評価」を試みると、彼らの自分自身への過剰なダメ出しが少し和らぐかもしれません。

2022年の天秤座プチ占い（9/24–10/23生まれ）

2022年前半は「内側の世界」です。家族や身内との関係が濃く強くなり、「師」について修行する人もいるでしょう。守ってくれる人や導いてくれる人に恵まれます。生活や日々の利害を共有し、支え合いながら学べます。2022年後半は、「外界に向かう」時期です。より広く、遠い場所へと出てゆけるでしょう。人生を変えるような特別な出会いもあります。すでに知り合っている人々とも、その関係性が大きく変わっていくかもしれません。

12星座プロフィール

蠍座　情熱の星座

I desire.

素敵なところ

意志が強く、感情に一貫性があり、愛情深い人々です。一度愛したものはずっと長く愛し続けることができます。信頼に足る、芯の強さを持つ人です。粘り強く努力し、不可能を可能に変えます。

キーワード

融け合う心／継承／遺伝／魅力／支配／提供／共有／非常に古い記憶／放出／流動／隠されたもの／湖沼／果樹園／庭／葡萄酒／琥珀／茶色／濃い赤／カギつきの箱／ギフト

2022年、蠍座の人をサポートするなら

2022年の蠍座の人々は、2021年に引き続き、家族のことで悩みがちかもしれません。相手がもし話してくれるなら、とにかく話を聞くことが、最大のサポートとなります。気持ちを汲み取り、現実に手伝えることがあれば手伝う、といったナチュラルなスタンスで、力になれそうです。「プライベートなことだから」と抱え込みがちな人には特に、公的サポート窓口についての情報提供など、「外への扉」の存在を示唆することが役に立つようです。

2022年の蠍座プチ占い (10/24-11/22生まれ)

「愛」を全力で生きる年です。特に5月までの時間に「愛」が詰まっています。さらに、10月末から12月中旬にも、愛と情熱の熱い潮流が押し寄せます。恋愛はもちろん、子育てやパートナーとの愛、趣味やペットなど、およそ愛を注ぐことのできる対象ならどんなものとでも、その関係がぐっと深まるでしょう。6月以降、「任務・役割」にスポットライトが当たります。新しい任務を得る人、日常の役割分担を大きく変える人もいるでしょう。

射手座　冒険の星座　　　　　　　　　I understand.

素敵なところ

冒険心に富む、オープンマインドの人々です。自他に対してごく肯定的で、恐れを知らぬ勇気と明るさで周囲を照らし出します。自分の信じるものに向かってまっすぐに生きる強さを持っています。

キーワード

冒険／挑戦／賭け／負けず嫌い／馬や牛など大きな動物／遠い外国／語学／宗教／理想／哲学／おおらかさ／自由／普遍性／スピードの出る乗り物／船／黄色／緑色／ターコイズブルー／グレー

2022年、射手座の人をサポートするなら

2022年の射手座の人々は、外部との交渉や競争などにおいて、ストレスを溜めているかもしれません。特に「自分の言いたいことが、なかなか伝わらない」というシチュエーションに苦しんでいる可能性があります。ゆえに、機会を捉えてとにかくざっくばらんに語り合うことが、何よりのサポートになるでしょう。特に年の後半はシビアな闘いの気配が濃厚です。「味方の存在」を無意識に求めているところもあるだろうと思います。情熱を共有して。

2022年の射手座プチ占い (11/23-12/21生まれ)

2022年、射手座の人々は身近な人との心の結びつきを、丁寧に育てています。新しい住処（すみか）を得る人もいれば、新たな家庭を作る人もいるでしょう。すでにある住処と家族に、かつてなく労力と思いを注ぎ、より幸福な世界を作っていく人もいるはずです。5月半ば以降は一転して、射手座の「ハンター魂」に火がつきます。心から「追いかけたい！」と思える「獲物」に出会えそうなのです。熱い交渉で「勝負」し、2023年までに見事、勝利できます。

12星座プロフィール

山羊座　実現の星座

I use.

素敵なところ

夢を現実に変えることのできる人々です。自分個人の世界だけに収まる小さな夢ではなく、世の中を変えるような、大きな夢を叶えることができる力を持っています。優しく力強く、芸術的な人です。

キーワード

城を築く／行動力／実現／責任感／守備／権力／支配者／組織／芸術／伝統／骨董品／彫刻／寺院／華やかな色彩／ゴージャス／大きな楽器／黒／焦げ茶色／薄い茜色／深緑

2022年、山羊座の人をサポートするなら

2022年の山羊座の人々は、「こんなにがんばっているのに、報われない」という思いを抱いているかもしれません。他の活動の場や、今とは異なる動き方を模索している人も少なくないはずです。情報収集に協力したり、話を聞いたりするだけでも、十分役に立てるでしょう。年の後半は、家の中のタスクがオーバーフローしてアップアップになっている気配も。小さな家事を肩代わりする、といったことが想像以上に喜ばれるかもしれません。

2022年の山羊座プチ占い (12/22-1/20生まれ)

2022年前半は「学びの時間」です。資格取得や語学の習得は成功しやすいはずですし、過去に逸した学びの機会を取り戻すような勉強で、大きな成果を挙げられそうです。日々の活動の中でも着々と経験値が上がります。2022年5月から2023年5月半ばにかけては、「居場所を作る」時期となっています。引っ越す人、家族構成が変わる人、自分の家庭を持つ人、実家に帰る人など、何らかの形で住環境の変化を経験する人が多そうです。

水瓶座　思考と自由の星座　　　　　　　　　I know.

素敵なところ

自分の頭でゼロから考えようとする、澄んだ思考の持ち主です。友情に篤く、損得抜きで人と関わろうとする、静かな情熱を秘めています。ユニークなアイデアを実行に移すときは無二の輝きを放ちます。

キーワード

自由／友情／公平・平等／時代の流れ／流行／メカニズム／合理性／ユニセックス／神秘的／宇宙／飛行機／通信技術／電気／メタリック／スカイブルー／チェック、ストライプ

2022年、水瓶座の人をサポートするなら

2022年の水瓶座の人々は、プレッシャーと孤独感を抱えているようです。新しい世界に生きる緊張感の中、「誰も助けてくれない」という思いに囚われている気配も。何でも「自分の責任だ」と受け取って、弱音を吐かない人も多いので、余計にこの時期は孤立しがちです。5月以降はたくさんのコミュニケーションを求めていますので、とにかくお喋りの時間を持つことがサポートに繋がるでしょう。「ともにある」と伝えるだけで力になれます。

2022年の水瓶座プチ占い (1/21-2/19生まれ)

水瓶座の2022年前半は「所有と獲得の時間」、平たく言えば「金運の良い時期」です。新たな収入の途を開拓する人もいれば、貯蓄や投資が軌道に乗る人、転職や求職により収入が増える人もいるでしょう。「資金繰り」がうまくいくようになり、ホッと一息つく人も多いでしょう。5月半ば頃から2023年5月にまたがって、「学びとコミュニケーションの時間」となります。勉強に打ち込んで大きな成果を挙げられますし、発信力も強まります。

魚座 透明な心の星座

I believe.

素敵なところ

人と人とを分ける境界線を、自由自在に越えていく不思議な力の持ち主です。人の心にするりと入り込み、相手を支え慰めることができます。場や世界を包み込むような大きな心を持っています。

キーワード

変容／変身／愛／海／救済／犠牲／崇高／聖なるもの／無制限／変幻自在／天衣無縫／幻想／瞑想／蠱惑（こわく）／エキゾチック／ミステリアス／シースルー／黎明／白／ターコイズブルー／マリンブルー

2022年、魚座の人をサポートするなら

2022年の魚座の人々は、複雑な「これまでの経緯」の中で考え込んでいるところがあります。特に「長く続けて来た活動を、今後どのようにしていくべきか」という思案をしている人が多いかもしれません。この思案は、新しい世界に飛び込んでいこうとするとき特有の躊躇のようです。簡単にはその悩みの本質はわからない、という前提で話を聞くほうが、かえって理解が深まるはずです。年の後半は、引っ越しの手伝いを頼まれるかもしれません。

2022年の魚座プチ占い (2/20-3/20生まれ)

2022年は魚座の人々にとって、2021年に引き続き「約12年に一度の、人生のターニングポイント」です。人としての「脱皮」や「羽化」が起こり、まったく新しい活動をスタートさせる人も少なくないでしょう。重要な人生のイベントが重なり、生活全体が生き生きと、フレッシュな輝きを帯びます。5月半ばから2023年5月半ばは、平たく言って「金運が良いとき」です。生活に物質的豊かさが増し、お金が生活の中をうまく巡るようになります。

HOSHIORI

用語解説

星の逆行

　星占いで用いる星々のうち、太陽と月以外の惑星と冥王星は、しばしば「逆行」します。これは、星が実際に軌道を逆走するのではなく、あくまで「地球からそう見える」ということです。

　たとえば同じ方向に向かう特急電車が普通電車を追い抜くとき、相手が後退しているように見えます。「星の逆行」は、この現象に似ています。地球も他の惑星と同様、太陽のまわりをぐるぐる回っています。ゆえに一方がもう一方を追い抜くとき、あるいは太陽の向こう側に回ったときに、相手が「逆走している」ように見えるのです。

　星占いの世界では、星が逆行するとき、その星の担うテーマにおいて停滞や混乱、イレギュラーなことが起こる、と解釈されることが一般的です。ただし、この「イレギュラー」は「不運・望ましくない展開」なのかというと、そうではありません。

　私たちは自分なりの推測や想像に基づいて未来の計画を立て、無意識に期待し、「次に起こること」を待ち受けます。その「待ち受けている」場所に思い通りのボールが飛んでこなかったとき、苛立ちや焦り、不安などを感じます。でも、そのこと自体が「悪いこと」かというと、決してそうではないはずです。なぜなら、人間の推測や想像には、限界があるか

らです。推測通りにならないことと、「不運」はまったく別のことです。

　星の逆行時は、私たちの推測や計画と、実際に巡ってくる未来とが「噛み合いにくい」ときと言えます。ゆえに、現実に起こる出来事全体が、言わば「ガイド役・導き手」となります。目の前に起こる出来事に導いてもらうような形で先に進み、いつしか、自分の想像力では辿り着けなかった場所に「つれていってもらえる」わけです。

　水星の逆行は年に三度ほど、一回につき3週間程度で起こります。金星は約1年半ごと、火星は2年に一度ほど、他の星は毎年太陽の反対側に回る数ヵ月、それぞれ逆行します。

　たとえば水星逆行時は、以下のようなことが言われます。

◆ 失せ物が出てくる／この時期なくしたものはあとで出てくる
◆ 旧友と再会できる
◆ 交通、コミュニケーションが混乱する
◆ 予定の変更、物事の停滞、遅延、やり直しが発生する

　これらは「悪いこと」ではなく、無意識に通り過ぎてしまった場所に忘れ物を取りに行くような、あるいは、トンネルを通って山の向こうへ出るような動きです。掛け違えたボタンを外してはめ直すようなことができる時間なのです。

ボイドタイム―月のボイド・オブ・コース

　ボイドタイムとは、正式には「月のボイド・オブ・コース」となります。実は、月以外の星にもボイドはあるのですが、月のボイドタイムは3日に一度という頻度で巡ってくるので、最も親しみやすい（？）時間と言えます。ボイドタイムの定義は「その星が今いる星座を出るまで、他の星とアスペクト（特別な角度）を結ばない時間帯」です。詳しくは占星術の教科書などをあたってみて下さい。
　月のボイドタイムには、一般に、以下のようなことが言われています。

◆ 予定していたことが起こらない／想定外のことが起こる
◆ ボイドタイムに着手したことは無効になる
◆ 期待通りの結果にならない
◆ ここでの心配事はあまり意味がない
◆ 取り越し苦労をしやすい
◆ 衝動買いをしやすい
◆ この時間に占いをしても、無効になる。意味がない

　ボイドをとても嫌う人も少なくないのですが、これらをよく見ると、「悪いことが起こる」時間ではなく、「あまりいろいろ気にしなくてもいい時間」と思えないでしょうか。

とはいえ、たとえば大事な手術や面接、会議などがこの時間帯に重なっていると「予定を変更したほうがいいかな？」という気持ちになる人もいると思います。
　この件では、占い手によっても様々に意見が分かれます。その人の人生観や世界観によって、解釈が変わり得る要素だと思います。
　以下は私の意見なのですが、大事な予定があって、そこにボイドや逆行が重なっていても、私自身はまったく気にしません。
　では、ボイドタイムは何の役に立つのでしょうか。一番役に立つのは「ボイドの終わる時間」です。ボイド終了時間は、星が星座から星座へ、ハウスからハウスへ移動する瞬間です。つまり、ここから新しい時間が始まるのです。
　たとえば、何かうまくいかないことがあったなら、「365日のカレンダー」を見て、ボイドタイムを確認します。もしボイドだったら、ボイド終了後に、物事が好転するかもしれません。待っているものが来るかもしれません。辛い待ち時間や気持ちの落ち込んだ時間は、決して「永遠」ではないのです。

月齢について

　本書では月の位置している星座から、自分にとっての「ハウス」を読み取り、毎日の「月のテーマ」を紹介しています。ですが月にはもう一つの「時計」としての機能があります。それは、「満ち欠け」です。

　月は1ヵ月弱のサイクルで満ち欠けを繰り返します。夕方に月がふと目に入るのは、新月から満月へと月が膨らんでいく時間です。満月から新月へと月が欠けていく時間は、月が夜遅くから明け方でないと姿を現さなくなります。

　夕方に月が見える・膨らんでいく時間は「明るい月の時間」で、物事も発展的に成長・拡大していくと考えられています。一方、月がなかなか出てこない・欠けていく時間は「暗い月の時間」で、物事が縮小・凝縮していく時間となります。

　これらのことはもちろん、科学的な裏付けがあるわけではなく、あくまで「古くからの言い伝え」に近いものです。

　新月と満月のサイクルは「時間の死と再生のサイクル」です。このサイクルは、植物が繁茂しては枯れ、種によって子孫を残す、というイメージに重なります。「死」は本当の「死」ではなく、種や球根が一見眠っているように見える、その状態を意味します。

　そんな月の時間のイメージを、図にしてみました。

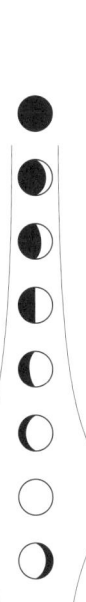

●	【新月】 種蒔き	芽が出る、新しいことを始める、目標を決める、新品を下ろす、髪を切る、悪癖をやめる、コスメなど、古いものを新しいものに替える
◐	【上弦】 成長	勢い良く成長していく、物事を付け加える、増やす、広げる、決定していく、少し一本調子になりがち
○	【満月】 開花、 結実	達成、到達、充実、種の拡散、実を収穫する、人間関係の拡大、ロングスパンでの計画、このタイミングにゴールや〆切を設定しておく
◑	【下弦】 貯蔵、 配分	加工、貯蔵、未来を見越した作業、不要品の処分、故障したものの修理、古物の再利用を考える、蒔くべき種の選別、ダイエット開始、新月の直前、材木を切り出す
●	【新月】 次の 種蒔き	新しい始まり、仕切り直し、軌道修正、過去とは違った選択、変更

月のフェーズ

以下、月のフェーズを六つに分けて説明してみます。

● 新月　New moon

「スタート」です。時間がリセットされ、新しい時間が始まる！というイメージのタイミングです。この日を境に悩みや迷いから抜け出せる人も多いようです。とはいえ新月の当日は、気持ちが少し不安定になる、という人もいるようです。細い針のような月が姿を現す頃には、フレッシュで爽やかな気持ちになれるはずです。日食は「特別な新月」で、1年に二度ほど起こります。ロングスパンでの「始まり」のときです。

● 三日月〜● 上弦の月　Waxing crescent - First quarter moon

ほっそりした月が半月に向かうに従って、春の草花が生き生きと繁茂するように、物事が勢い良く成長・拡大していきます。大きく育てたいものをどんどん仕込んでいけるときです。

● 十三夜月〜小望月(こもちづき)　Waxing gibbous moon

少量の水より、大量の水を運ぶときのほうが慎重さを必要とします。それにも似て、この時期は物事が「完成形」に近づき、細かい目配りや粘り強さ、慎重さが必要になるようです。一歩一歩確かめながら、満月というゴールに向かいます。

○ 満月　Full moon

新月からおよそ2週間、物事がピークに達するタイミングです。文字通り「満ちる」ときで、「満を持して」実行に移せることもあるでしょう。大事なイベントが満月の日に計画されている、ということもよくあります。意識してそうしたのでなくとも、関係者の予定を繰り合わせたところ、自然と満月前後に物事のゴールが置かれることがあるのです。

月食は「特別な満月」で、半年から1年といったロングスパンでの「到達点」です。長期的なプロセスにおける「折り返し地点」のような出来事が起こりやすいときです。

◐ 十六夜（いざよい）の月〜寝待月（ねまちづき）　Waning gibbous moon

樹木の苗や球根を植えたい時期です。時間をかけて育てていくようなテーマが、ここでスタートさせやすいのです。また、細くなっていく月に擬（なぞら）えて、ダイエットを始めるのにも良い、とも言われます。植物が種をできるだけ広くまき散らそうとするように、人間関係が広がるのもこの時期です。

◐ 下弦の月〜 ● 二十六夜月　Last quarter - Waning crescent moon

秋から冬に球根が力を蓄えるように、ここでは「成熟」がテーマとなります。物事を手の中にしっかり掌握し、力をためつつ「次」を見据えてゆっくり動くときです。いたずらに物珍しいことに踊らされない、どっしりした姿勢が似合います。

◆ 太陽星座早見表 双子座
（1930～2025年／日本時間）

太陽が双子座に滞在する時間帯を下記の表にまとめました。
これより前は牡牛座、これより後は蟹座ということになります。

生まれた年	期　　間
1930	5/22　4:42　～　6/22　12:52
1931	5/22　10:15　～　6/22　18:27
1932	5/21　16:07　～　6/22　0:22
1933	5/21　21:57　～　6/22　6:11
1934	5/22　3:35　～　6/22　11:47
1935	5/22　9:25　～　6/22　17:37
1936	5/21　15:07　～　6/21　23:21
1937	5/21　20:57　～　6/22　5:11
1938	5/22　2:50　～　6/22　11:03
1939	5/22　8:27　～　6/22　16:38
1940	5/21　14:23　～　6/21　22:35
1941	5/21　20:23　～　6/22　4:32
1942	5/22　2:09　～　6/22　10:15
1943	5/22　8:03　～　6/22　16:11
1944	5/21　13:51　～　6/21　22:01
1945	5/21　19:40　～　6/22　3:51
1946	5/22　1:34　～　6/22　9:43
1947	5/22　7:09　～　6/22　15:18
1948	5/21　12:58　～　6/21　21:10
1949	5/21　18:51　～　6/22　3:02
1950	5/22　0:27　～　6/22　8:35
1951	5/22　6:15　～　6/22　14:24
1952	5/21　12:04　～　6/21　20:12
1953	5/21　17:53　～　6/22　1:59

生まれた年	期　　間
1954	5/21　23:47　～　6/22　7:53
1955	5/22　5:24　～　6/22　13:30
1956	5/21　11:13　～　6/21　19:23
1957	5/21　17:10　～　6/22　1:20
1958	5/21　22:51　～　6/22　6:56
1959	5/22　4:42　～　6/22　12:49
1960	5/21　10:34　～　6/21　18:41
1961	5/21　16:22　～　6/22　0:29
1962	5/21　22:17　～　6/22　6:23
1963	5/22　3:58　～　6/22　12:03
1964	5/21　9:50　～　6/21　17:56
1965	5/21　15:50　～　6/21　23:55
1966	5/21　21:32　～　6/22　5:32
1967	5/22　3:18　～　6/22　11:22
1968	5/21　9:06　～　6/21　17:12
1969	5/21　14:50　～　6/21　22:54
1970	5/21　20:37　～　6/22　4:42
1971	5/22　2:15　～　6/22　10:19
1972	5/21　8:00　～　6/21　16:05
1973	5/21　13:54　～　6/21　22:00
1974	5/21　19:36　～　6/22　3:37
1975	5/22　1:24　～　6/22　9:25
1976	5/21　7:21　～　6/21　15:23
1977	5/21　13:14　～　6/21　21:13

生まれた年	期 間
1978	5/21 19:08 ～ 6/22 3:09
1979	5/22 0:54 ～ 6/22 8:55
1980	5/21 6:42 ～ 6/21 14:46
1981	5/21 12:39 ～ 6/21 20:44
1982	5/21 18:23 ～ 6/22 2:22
1983	5/22 0:06 ～ 6/22 8:08
1984	5/21 5:58 ～ 6/21 14:01
1985	5/21 11:43 ～ 6/21 19:43
1986	5/21 17:28 ～ 6/22 1:29
1987	5/21 23:10 ～ 6/22 7:10
1988	5/21 4:57 ～ 6/21 12:56
1989	5/21 10:54 ～ 6/21 18:52
1990	5/21 16:37 ～ 6/22 0:32
1991	5/21 22:20 ～ 6/22 6:18
1992	5/21 4:12 ～ 6/21 12:13
1993	5/21 10:02 ～ 6/21 17:59
1994	5/21 15:48 ～ 6/21 23:47
1995	5/21 21:34 ～ 6/22 5:33
1996	5/21 3:23 ～ 6/21 11:23
1997	5/21 9:18 ～ 6/21 17:19
1998	5/21 15:05 ～ 6/21 23:02
1999	5/21 20:52 ～ 6/22 4:48
2000	5/21 2:49 ～ 6/21 10:47
2001	5/21 8:45 ～ 6/21 16:38

生まれた年	期 間
2002	5/21 14:30 ～ 6/21 22:24
2003	5/21 20:13 ～ 6/22 4:11
2004	5/21 2:00 ～ 6/21 9:57
2005	5/21 7:48 ～ 6/21 15:46
2006	5/21 13:33 ～ 6/21 21:26
2007	5/21 19:13 ～ 6/22 3:07
2008	5/21 1:02 ～ 6/21 8:59
2009	5/21 6:52 ～ 6/21 14:46
2010	5/21 12:35 ～ 6/21 20:29
2011	5/21 18:22 ～ 6/22 2:17
2012	5/21 0:17 ～ 6/21 8:09
2013	5/21 6:11 ～ 6/21 14:04
2014	5/21 12:00 ～ 6/21 19:51
2015	5/21 17:46 ～ 6/22 1:38
2016	5/20 23:38 ～ 6/21 7:34
2017	5/21 5:32 ～ 6/21 13:24
2018	5/21 11:16 ～ 6/21 19:07
2019	5/21 17:00 ～ 6/22 0:54
2020	5/20 22:50 ～ 6/21 6:44
2021	5/21 4:38 ～ 6/21 12:32
2022	5/21 10:24 ～ 6/21 18:14
2023	5/21 16:10 ～ 6/21 23:58
2024	5/20 22:01 ～ 6/21 5:51
2025	5/21 3:56 ～ 6/21 11:42

おわりに

　文庫本サイズの年次版としては第三弾の『星栞』、今回の表紙は「海」をテーマにして頂きました。木星が魚座を運行するところからスタートする年で、魚座は海に関係が深い星座だからです。今は海王星も位置しており、魚座は「最強」な状態になっています。この癒やしの力が2022年をたっぷりと覆い尽くして欲しい……という願いを、本の表紙にも込めてみました。

　さらに新コーナー（？）としまして、「薬箱」というページを設けました。私の星占いでは、「こんな問題が起こりそうです」という書き方はあまりしません。なぜなら、それが「問題」になるかどうかは、物事の本質とは別のところにあると思うからです。たとえば、雨が降るのを悲しむ人もいれば、喜ぶ人もいます。それと似ています。

　ただ、日常で「これは困ったな」という場面は確かに、存在します。そんなときに「今回のこの問題は、どういうしくみで、どんな根っこがあるのかな、いつ頃終わるのかな」という問いのヒントになるような記事も、あってもいいかもしれないと思いました。